Abecé
Visual

El Abecé Visual de

LA HISTORIA

Abecé
Visual

© de esta edición: 2013, Santillana USA Publishing Company,
Inc. 2023 NW 84th Ave, Doral FL 33122

Publicado primero por Santillana Ediciones Generales, S. L.
C/Torrelaguna, 60 - 28043 Madrid

Coordinación editorial: Área de Proyectos Especiales.
Santillana Ediciones Generales, S. L.

REDACCIÓN Y EDICIÓN
Marcela Codda

ILUSTRACIÓN
Carlos Escudero por Acuatromanos Estudio
Color digital: Juan Pablo Eberhard, Julián Bustos y Edgardo (Kabe) Solas

DISEÑO DE CUBIERTAS
Gabriela Martini y asociados

El abecé visual de la historia
ISBN: 978-84-9907-020-9

Printed in USA by Nupress of Miami, Inc.
16 15 14 13   1 2 3 4 5 6 7 8 9

Índice

¿**Cómo** era la vida en el Paleolítico?

E l Paleolítico es la etapa de la prehistoria en la que surge el ser humano. Los hombres de entonces vivían en pequeños grupos formados por unas pocas familias que se trasladaban continuamente de un lugar a otro en busca de animales para cazar o frutos para recolectar: conseguir alimentos era la actividad principal. Durante el Paleolítico también aprendieron a fabricar herramientas, como puntas de flecha y de lanza y pequeñas hachas.

Las mujeres solían encargarse de la recolección de frutos y huevos para la alimentación. Los varones salían a cazar. La expectativa de vida apenas superaba los 20 años.

Los hombres del Paleolítico fabricaban sus viviendas con ramas, pieles de animales y huesos. Cuando el tiempo no era bueno, se refugiaban en cuevas y cavernas.

El Paleolítico se divide en tres grandes etapas: Paleolítico Inferior (desde hace 2,5 millones hasta hace 120 000 años), Medio (desde 130 000 a 33 000 a. C.) y Superior (hasta el 10 000 a. C.).

Dominar el fuego les permitió calentar sus moradas, cocinar los alimentos y protegerse de los animales peligrosos.

El cuero de los animales cazados se fijaba al suelo con estacas, y se estiraba y limpiaba con raspadores de piedra. Luego se dejaba secar. Con agujas hechas de hueso se cosían las pieles para hacer ropas.

La caza del mamut

El mamut era un animal parecido al elefante que vivía en manadas en tiempos del Paleolítico. Tenía enormes colmillos y un pelaje lanudo. Es probable que los hombres prehistóricos lo cazaran empujándolo hacia trampas que ellos mismos fabricaran (pozos cubiertos con ramas y hojas). Era un animal muy preciado, ya que proporcionaba mucha carne para la alimentación y con su cuero y sus huesos se construían chozas y refugios.

El fuego sagrado

El dominio del fuego data de hace unos 500 000 años. Al comienzo los hombres solo se limitaban a conservar parte del fuego que se producía de manera natural (por incendios o rayos) y lo alimentaban para que se mantuviera vivo. Más tarde descubrieron la manera de «fabricarlo»: frotaban una rama seca sobre una madera o golpeaban piedras con piritas hasta lograr que saltara una chispa. Esto significó una verdadera transformación en su modo de vida.

Edad de Piedra

En un principio, los hombres del Paleolítico utilizaban el filo de las piedras partidas que encontraban. Luego descubrieron que había rocas, como el sílex, que se podían tallar dando golpes con otras piedras y piezas de hueso. Con este método pudieron elaborar puntas de flecha, de lanzas y hachas con filo en sus dos caras. También fabricaban herramientas con madera y hueso, como agujas, arpones y anzuelos.

Descubrieron las ventajas de vivir cerca de los ríos, ya que en ellos podían pescar y recolectar moluscos. Para la pesca utilizaban lanzas y también arpones dentados hechos con hueso.

Como método de supervivencia efectivo, los hombres salían a cazar en grupos. Espantaban a los animales con antorchas encendidas y así lograban que se despeñaran desde grandes alturas. Después los recogían y los llevaban al asentamiento.

Cubrían sus cuerpos con las pieles de los animales que mataban.

¿**Qué** fue la revolución neolítica?

Hace unos 10000 años los seres humanos aprendieron a cultivar los campos y a domesticar los animales. Dejaron de viajar de un lado a otro en busca de alimento y se asentaron formando poblados. Las primeras aldeas estaban constituidas por chozas circulares, hechas de piedra o adobe, con techos de paja. Hacia el final del Neolítico, cuando el hombre dominaba la metalurgia, surgieron lo que podían llamarse *primeras ciudades.*

La incorporación de la vela a los barcos permitió aprovechar la fuerza del viento. Con este invento aparecieron naves más grandes y se pudieron transportar más mercancías y más personas.

Aunque criaban animales, los hombres del Neolítico seguían cazando y recolectando frutos, especialmente entre una cosecha y otra.

Los poblados estaban formados por varias casas, con establos y almacenes para guardar los productos de las cosechas.

Los primeros poblados surgieron a orillas de los ríos. El agua se usaba para abastecer a los pobladores y sus animales. También se hacían canales de riego para los sembrados.

Los animales se encerraban en pequeños corrales hechos con ramas o en espacios más grandes cerrados con cercas de piedra y maderos.

Todos los habitantes de una aldea trabajaban comunitariamente en la preparación del campo, la siembra y la cosecha.

Nace la alfarería

Los artesanos modelaban la arcilla a mano y luego la dejaban secar o la cocían en pequeñas hogueras que encendían en el suelo. Se realizaban grandes recipientes para almacenar granos y líquidos, y platos y cuencos para cocinar y comer. En muchos casos, las cerámicas se decoraban con pinturas o incisiones.

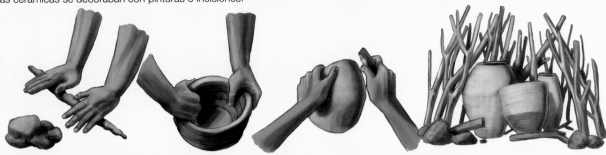

La revolución agraria

En el Neolítico se utilizaron pequeñas hachas de piedra para desbrozar y trabajar la tierra, y hoces de madera para segar los cereales. El gran adelanto fue el arado, que consistía en ramas convenientemente sujetas que se arrastraban por el suelo, levantando y removiendo la tierra. Esta herramienta se adaptó para ser tirada por animales. El arado mejoró las cosechas y la alimentación de los hombres prehistóricos.

La Edad de los Metales

Hace unos 7000 años los humanos comenzaron a trabajar los metales (cobre, bronce y hierro). El cobre fue el primero que se usó: se golpeaba con piedras y se le daba la forma deseada. Con este material se hacían adornos y joyas. Poco después se descubrió que si los metales se calentaban, se volvían líquidos y podían verterse en moldes con la forma que se deseaba obtener. Con el tiempo, el hombre descubrió el método de forja, que utilizó con el hierro: el metal se calentaba y se golpeaba hasta quitarle todas las impurezas y moldearlo.

Las casas no tenían puerta frontal, se entraba en ellas por los techos. Muchas ciudades contaban con murallas para proteger a los habitantes de posibles ataques.

Las primeras ciudades se formaron a partir de pequeños poblados. Contaban con cientos de habitantes que vivían en casas rectangulares hechas de adobe y paja.

Cada ciudad producía lo que necesitaba. Los excedentes se comerciaban con los pueblos vecinos.

En este tiempo se produjo una especialización del trabajo: surgieron los artesanos y creció el comercio. También aparecieron los primeros sacerdotes que realizaban los ritos religiosos y los guerreros que protegían las ciudades.

¿**Cuáles** fueron las primeras civilizaciones?

Las primeras civilizaciones aparecieron en África y Asia hace unos 5000 años, a orillas de grandes ríos. Constituyeron sociedades altamente jerarquizadas donde un rey gobernaba a toda la población con la ayuda de los nobles, los sacerdotes y los soldados de alto rango. Las grandes civilizaciones surgieron en Mesopotamia, Egipto, China e India, y se convirtieron en los centros del poder político, económico y cultural de su tiempo.

Mesopotamia se extendió entre los ríos Tigris y Éufrates. Como la región era muy árida y los veranos muy calurosos, sus habitantes debieron construir sistemas de riego muy extensos. Esto significó un notable desarrollo de su economía.

Como no había demasiada madera, para construir las viviendas de los nobles y los templos se usaban ladrillos cocidos en hornos.

En Mesopotamia se inventó la rueda, una herramienta que en sus comienzos se usó para mover los tornos de alfarería y más tarde se incorporó a los carros. Esto posibilitó el transporte de mercancías y personas.

La civilización egipcia surgió en el territorio africano comprendido entre las costas del Mediterráneo, al norte, y el mar Rojo, al sur. La región estaba atravesada de norte a sur por el río Nilo, cuyas aguas eran adoradas por los pobladores como si fueran divinas.

Los campesinos trabajaban las tierras del faraón, de los nobles y los sacerdotes. Una parte de los animales que criaban y los cereales y hortalizas que cultivaban era para ellos. Lo demás era el impuesto que debían entregar al faraón.

Las viviendas se hacían con ladrillos de adobe y tenían un techo plano sobre el que se almacenaban los granos.

Todas las ciudades se organizaban en torno a torres escalonadas llamadas *zigurat*. Algunos edificios eran los palacios donde residían los reyes. En otros se realizaban ritos y sacrificios en honor a los dioses. Allí vivían los sacerdotes.

MESOPOTAMIA

EGIPTO

El pescado era la base alimentaria de los egipcios más pobres. Para pescar utilizaban redes hechas con fibras de papiro y arpones.

Durante la primavera, las lluvias producían una espectacular crecida del río Nilo y se inundaban las zonas costeras. Cuando las aguas se retiraban, sobre la costa quedaba una capa de limo que fertilizaba el suelo. Era el momento de la siembra y, al igual que en tiempo de cosecha, los campesinos trabajaban sin descanso.

La agricultura en Mesopotamia

Con la invención del arado y la incorporación de animales de tiro, los sumerios de Mesopotamia desarrollaron una agricultura próspera. Como la región era sumamente árida, idearan sistemas de regadío, con presas y canales para retener el agua y distribuirla en los campos. De este modo lograron obtener varias cosechas al año y contar con excedentes para comerciar.

El primer código de leyes

En Babilonia, durante cientos de años, los sacerdotes fueron los encargados de impartir justicia. Hacia el 1700 a. C., el rey Hammurabi estableció un conjunto de leyes que regulaban las relaciones entre los habitantes y otorgaban al rey y a sus funcionarios el poder de impartir justicia. El código, tallado en la piedra, mostraba el momento en que el dios Marduk le entregaba a Hammurabi dicho don.

BANPO

Las viviendas tenían una planta circular o cuadrangular hecha de adobe y un techo de varas de madera cubierto con paja de mijo y cañas. Tenían puertas oblicuas que siempre apuntaban al sur. En el interior de todas las moradas había un fogón.

La primera civilización china surgió en Banpo, a orillas del río Amarillo. Gracias a la agricultura tuvo un enorme crecimiento demográfico y comenzó a comerciar con otros pueblos vecinos.

Los habitantes de Banpo eran excelentes alfareros. Produjeron una variada gama de estilos utilizando arcillas de diversas calidades. Pintaban las piezas de color blanco, rojo y negro, y las decoraban con animales hechos con diseños geométricos.

MOHENJO- DARO

Mohenjo-Daro era una de las ciudades más grandes ubicadas a orillas del río Indo. Allí vivían decenas de miles de habitantes organizados en distintos barrios según sus oficios (artesanos, joyeros, alfareros y comerciantes).

Las casas, hechas de ladrillos, podían tener varias habitaciones. Cada hogar contaba con un pozo donde se almacenaba el agua de lluvia.

Usaban la tracción animal para el transporte de mercancías, y especialmente para comerciar con otros pueblos.

La ciudad se organizaba en dos zonas claramente diferenciadas: la ciudadela, que era el centro administrativo y religioso, y la ciudad baja, donde se encontraban los barrios, los graneros y los almacenes.

¿**Cómo** era la vida en el antiguo **Egipto**?

La sociedad egipcia estaba organizada en dos grupos bien diferenciados: una minoría formada por el faraón, los nobles y los sacerdotes, que tenían el poder político y las riquezas, y el resto de la población, que en general eran campesinos que trabajaban las tierras de las orillas del Nilo, el río que marcaba el ritmo de sus vidas. En tiempos de inundaciones, los campesinos eran reclutados por el faraón para la construcción de pirámides y edificios públicos. Cuando bajaban las aguas del Nilo, trabajaban las tierras de sol a sol.

Cleopatra

Cleopatra VII (69-30 a. C.), de la dinastía de los Ptolomeos, fue la última reina de Egipto y su última dirigente antes de que el reino pasara a dominio romano. En la denominada guerra alejandrina (48-47 a. C.), Cleopatra destituyó a su hermano y marido Ptolomeo XIII con la ayuda de Julio César, del que acabó siendo amante. Poco después del asesinato del César, Cleopatra logró seducir al militar y político romano Marco Antonio, y protagonizó una de las historias de amor más famosas —conocida gracias a los historiadores de la época, como Plutarco o Suetonio—, con un trágico final en el que ambos murieron.

El faraón era la máxima autoridad de los egipcios: tomaba decisiones políticas, dictaba leyes, fijaba los impuestos, dirigía los ejércitos y era propietario de absolutamente todo lo que había en su imperio. Vivía rodeado de riquezas y era atendido por cientos de siervos y esclavos. Durante las fiestas, él y los nobles comían y bebían mientras los músicos ejecutaban sus instrumentos y las bailarinas danzaban.

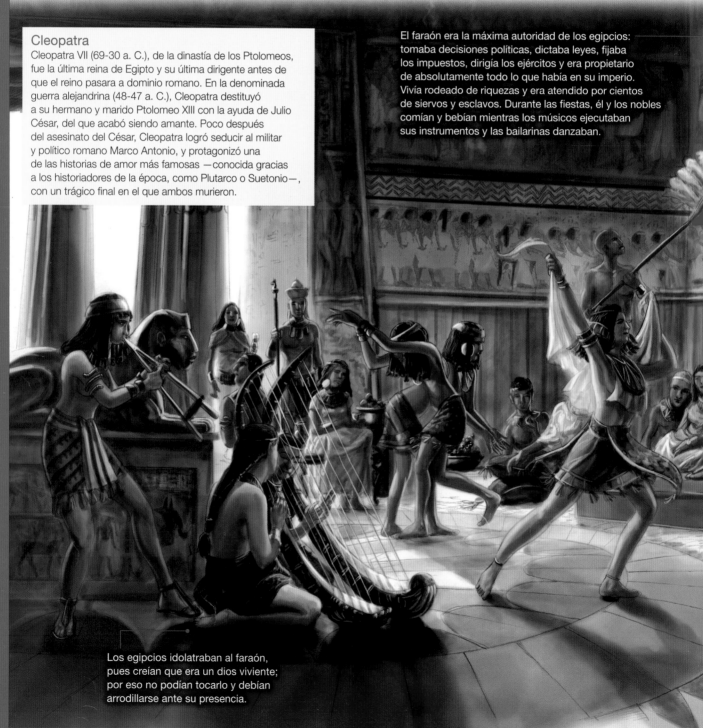

Los egipcios idolatraban al faraón, pues creían que era un dios viviente; por eso no podían tocarlo y debían arrodillarse ante su presencia.

Población campesina

La mayoría de los habitantes del antiguo Egipto eran campesinos. Los hombres se dedicaban a arar las tierras y las mujeres a sembrar. Durante la cosecha trabajaba toda la familia. Cultivaban hortalizas, frutas y cereales con los que no solo hacían harina, sino también cerveza, una de las bebidas preferidas por los egipcios.

En la parte delantera del tocado del faraón había un buitre y una cobra que representaban el Alto y el Bajo Egipto respectivamente, es decir, todos sus dominios.

Solían celebrarse banquetes en los que se bebía vino endulzado con miel, y se comía carne y una gran variedad de pasteles con dátiles e higos.

Los nobles eran, por lo general, parientes del faraón. Estos personajes privilegiados de la sociedad poseían tierras y riquezas.

De momias y tumbas

Los egipcios creían en la vida después de la muerte. Por eso embalsamaban y momificaban los cuerpos de los faraones muertos y los depositaban en imponentes tumbas construidas en el desierto. Aunque las pirámides son las más famosas, hubo otros tipos de enterramientos, como las mastabas y los hipogeos.

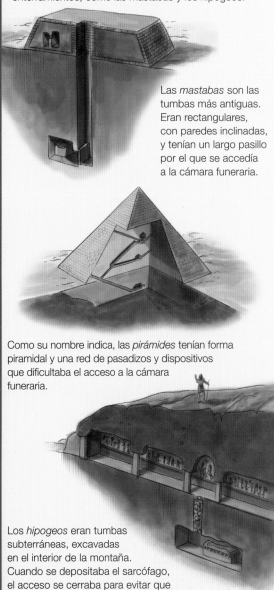

Las *mastabas* son las tumbas más antiguas. Eran rectangulares, con paredes inclinadas, y tenían un largo pasillo por el que se accedía a la cámara funeraria.

Como su nombre indica, las *pirámides* tenían forma piramidal y una red de pasadizos y dispositivos que dificultaba el acceso a la cámara funeraria.

Los *hipogeos* eran tumbas subterráneas, excavadas en el interior de la montaña. Cuando se depositaba el sarcófago, el acceso se cerraba para evitar que se descubriera la cámara mortuoria.

Divinos en el cielo y en la tierra

Los egipcios creían en muchos dioses, y cada uno de ellos estaba relacionado con distintos hechos de la naturaleza. Había dioses que representaban al sol, que curaban enfermedades y que ordenaban las tormentas y las sequías. También creían que el faraón era la divinidad que manejaba las crecidas y bajadas del río Nilo, así como la abundancia de las cosechas y el orden de las estaciones.

¿**Cómo** fue la primera civilización europea?

La primera civilización europea surgió en la isla de Creta hace unos 4700 años y se llamó minoica en honor al rey Minos. Con la incorporación del torno a la alfarería y el desarrollo de la metalurgia del bronce se produjo un florecimiento de su economía gracias al comercio de sus manufacturas con los pueblos cercanos. Hacia 1600 a. C. el palacio de Cnosos era el centro de esta civilización.

Un sector del palacio estaba destinado a los aposentos de la realeza. Tenía un sistema de iluminación con tragaluces distribuidos de manera tal que cada una de las cinco plantas contaba con una entrada de luz natural. En cada recinto había letrinas ricamente decoradas.

Cnosos era un palacio que funcionaba como una ciudad: tenía miles de habitaciones, talleres y hasta una escuela.

El palacio contaba en su interior con baños y termas para el aseo y la «purificación» de los miembros de la nobleza.

Las columnas eran de estuco rojo. Algunas estaban decoradas con dibujos de vegetales, flores y hojas.

El Minotauro

Según la mitología griega, Poseidón, el dios del mar, le envió al rey Minos un toro para que lo sacrificara en su nombre. Minos se negó y Poseidón, furioso, hizo que la esposa del rey concibiera al Minotauro, un ser mitad hombre y mitad toro. Minos, avergonzado, lo escondió en un laberinto de Cnosos, del cual nadie podía escapar. Cada año siete varones y siete doncellas atenienses eran entregados al Minotauro en tributo, hasta que el joven ateniense Teseo se ofreció para acabar con la bestia. Con la ayuda de Ariadna, la hija de Minos, logró entrar al laberinto, matar al Minotauro y salir victorioso.

Palacios decorados

Los minoicos eran excelentes muralistas. Decoraban las paredes de los palacios con frescos y relieves que reproducían la vida cotidiana de la gente y también los juegos, las danzas y las ceremonias. Parece que a los cretenses les gustaban mucho deportes como el pugilato o el salto del toro, una de las diversiones más representadas en murales y estatuillas.

Tinajas para almacenar

En Cnosos había alrededor de 20 enormes recintos que funcionaban como almacenes. En ellos se guardaban enormes tinajas con provisiones para las decenas de miles de personas que vivían allí y en los alrededores. Desde Cnosos se distribuía la producción agrícola de Creta.

El interior del palacio

Cnosos estaba decorado con frescos, jarrones, vasos y joyas. Todo el edificio se apoyaba en columnas simétricamente distribuidas.

En los talleres de Cnosos se hacían artesanías y estatuillas en oro, cobre y plata. Allí también se realizaban objetos utilitarios, como ataúdes, jarras, tinajas para almacenaje y sellos administrativos.

¿**Quiénes** fueron los fenicios?

os fenicios fueron un pueblo de comerciantes marítimos muy importante en la Antigüedad. Vivían en ciudades-Estado ubicadas en la orilla oriental del Mediterráneo y contaban con una numerosa flota comercial y de guerra. Presionados por los asirios, a quienes debían pagar tributos, recorrieron el Mediterráneo, e incluso parte del océano Atlántico, en busca de nuevas poblaciones con las que comerciar.

Los fenicios fundaron varias colonias en el Mediterráneo, y todas ellas se convirtieron en puertos de carga y descarga. La colonia más importante fue Cartago, en la actual ciudad de Túnez.

La mar fenicia

Los fenicios eran el puente de comunicación entre los pueblos de Asia, Europa y África. Fundaron prósperas colonias en el Mediterráneo, como Palermo, Cádiz y Cartago (Túnez), y desde allí no solo vendían sus mercancías, sino que sus naves recorrían los mares en busca de productos para vender a los reyes babilónicos, a los faraones egipcios y a los romanos. En Grecia e Italia vendían el incienso y la mirra que compraban en Arabia, al igual que las piedras preciosas, las especias y el marfil de India, la seda de China y los caballos del Cáucaso.

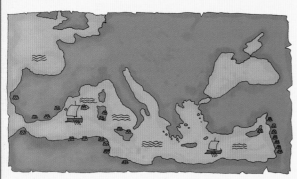

La vela cuadrada solo se desplegaba cuando el viento era favorable. La fuerza que hacía mover estas naves era la de los remeros.

El alfabeto fenicio

A causa de su gran actividad comercial, los fenicios debieron buscar una manera de asentar datos de las mercancías que se compraban y se vendían. Para ello idearon un alfabeto fonético en el que cada signo representaba un sonido. Estaba formado por 22 consonantes sin vocales; se escribían de derecha a izquierda. Este alfabeto fue tomado por los griegos, quienes le agregaron las vocales, y ha sido la base de los alfabetos modernos.

Las embarcaciones llevaban alrededor de diez remeros a cada lado. Los remos eran de cedro y tenían más de 1 m (3 ft) de largo.

La palabra fenicio deriva de la voz griega *phoenix,* que significa «los de la púrpura», ya que uno de los grandes éxitos del comercio de este pueblo eran las telas teñidas de este color.

Paños púrpuras

Los fenicios descubrieron la manera de teñir las telas de color rojo mediante las secreciones del múrice, un molusco que abundaba en sus costas. El proceso de teñido era un secreto de este pueblo y lo convirtió en una potencia comercial. Estos paños eran tan caros que solo podían adquirirlos los emperadores y los reyes.

Artesanos del vidrio

Aunque no fueron los inventores del vidrio, los fenicios trabajaron la pasta vítrea como ningún otro pueblo de la Antigüedad. Produjeron vidrio transparente a gran escala, elaboraron abalorios y objetos ornamentales con vidrio coloreado e inventaron el método de vidrio soplado.

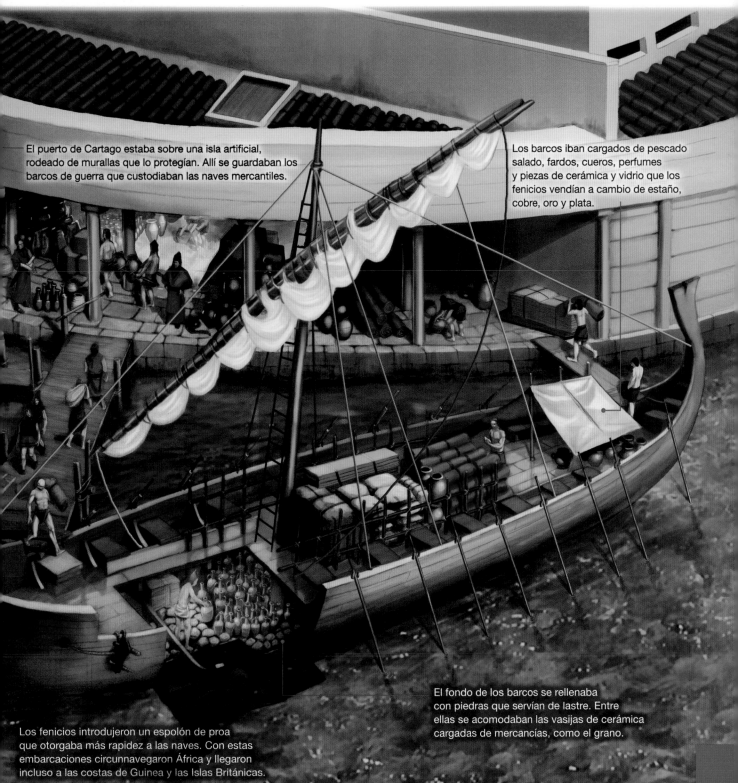

El puerto de Cartago estaba sobre una isla artificial, rodeado de murallas que lo protegían. Allí se guardaban los barcos de guerra que custodiaban las naves mercantiles.

Los barcos iban cargados de pescado salado, fardos, cueros, perfumes y piezas de cerámica y vidrio que los fenicios vendían a cambio de estaño, cobre, oro y plata.

El fondo de los barcos se rellenaba con piedras que servían de lastre. Entre ellas se acomodaban las vasijas de cerámica cargadas de mercancías, como el grano.

Los fenicios introdujeron un espolón de proa que otorgaba más rapidez a las naves. Con estas embarcaciones circunnavegaron África y llegaron incluso a las costas de Guinea y las Islas Británicas.

¿**Qué** era el ágora en la antigua Grecia?

El ágora era un espacio abierto, semejante a una plaza, donde se desarrollaba la actividad comercial, política y cultural de las ciudades-Estado griegas. Cada día se organizaba una feria en la que se intercambiaban productos llegados de otras ciudades, llamadas *polis*. Los curtidores, los ceramistas, los artesanos textiles y los comerciantes en general exponían allí sus productos para venderlos.

Los griegos usaban túnicas formadas por paños de tela rectangulares que se sujetaban sobre los hombros.

En los intercambios comerciales se utilizaba una moneda de plata llamada *dracma,* que era aceptada en todos los pueblos de la zona.

En el ágora instalaban sus tiendas los médicos, que atendían a los enfermos, y los barberos, que afeitaban la barba a los hombres.

Las tinajas y vasijas de cerámica adquirieron gran importancia en la región. Se usaban como recipientes para almacenar y transportar mercancías como grano, aceites, vino y agua. Muchas de ellas estaban decoradas.

La democracia

Los ciudadanos se reunían periódicamente en asambleas para tratar distintos asuntos y decidir quiénes ocuparían los cargos públicos. Los magistrados se encargaban de que las decisiones de las asambleas se llevaran a la práctica. El tiempo que cada orador tenía para exponer sus ideas se medía con un reloj de agua denominado clepsidra.

Viviendas griegas

Los griegos vivían en casas de una o dos plantas con un patio central donde la familia se reunía a almorzar. Allí había un pozo en el que se almacenaba agua de lluvia. Las habitaciones no tenían ventanas y en todas las viviendas había una destinada a los hombres –el *andrón*– y otra para las mujeres –el *gineceo*–.

En las tiendas del ágora también se ofrecían esclavos.

Templos y oráculos

Los monumentales templos griegos eran el centro político, social y religioso de las polis. Estaban construidos con piedra y mármol y eran considerados las moradas de los dioses. Allí los fieles hacían ofrendas y las sacerdotisas, llamadas sibilas, interpretaban la voluntad divina a través del oráculo.

Teatro en Grecia

A los griegos les gustaba el teatro. Las representaciones se realizaban en anfiteatros al aire libre, en los que se distinguían tres partes: las gradas, el escenario y la orquesta. La entrada era gratuita. Los actores eran hombres y usaban máscaras para representar a los distintos personajes.

Las mujeres salían muy pocas veces de sus casas y si lo hacían iban con damas de compañía. Generalmente tenían esclavos que se encargaban de hacer las compras.

¿**Qué** son los guerreros de Xian?

En 1974 unos campesinos que buscaban agua en las secas tierras de Xian, en la provincia de Shanxi, China, descubrieron un mausoleo dedicado al emperador Shi Huangdi, cuya construcción comenzó cuando el emperador asumió su reinado, en el año 221 a. C., y culminó después de su muerte, unos 40 años más tarde. Los arqueólogos que continuaron con las excavaciones descubrieron un ejército completo, con generales, soldados, carros de combate y caballos hechos de terracota cromada.

El emperador observó el trabajo y constató la magnificencia de la obra que reflejaba su poder y sus riquezas.

Se calcula que trabajaron más de 700000 obreros en la construcción del mausoleo.

Cada una de las caras de los soldados tenía diferentes facciones y expresiones. No había dos iguales. Esto sugiere que se retrató a cada uno de los miembros de la guardia imperial.

Contra los opositores

A pesar de todas las medidas tendientes a desarrollar la economía y la cultura de China, Shi Huangdi fue un emperador cruel y tiránico que no dudó en tomar medidas extremas para acabar con la oposición. Así, quemó libros que contenían ideas contrarias a su política e hizo enterrar vivos a los letrados confucianos opositores.

El cielo y la tierra

Shi Huangdi hizo unificar la moneda del país, estableciendo una figura circular que representaba el cielo y un agujero cuadrado en el centro que representaba la tierra. Esta moneda tuvo vigencia hasta el año 1911.

Los guerreros –más de 7000 figuras– estaban enterrados en fosas en formación de batalla.

Los carros de bronce, con incrustaciones de oro y plata, eran tirados por caballos de terracota y jinetes imperiales.

Cada una de las figuras medía alrededor de 1,80 m (5.9 ft) y las de los personajes más importantes, como los generales, superaban los 2 m (6 ft).

En busca de la inmortalidad

La tradición cuenta que Shi Huangdi estaba obsesionado por encontrar una fórmula que lo hiciera inmortal. Muchos alquimistas trabajaban para conseguir aquel elixir. En un viaje hacia las islas de la Inmortalidad, el emperador bebió un brebaje que contenía una alta dosis de mercurio y murió. Su muerte se mantuvo en secreto durante meses para evitar un alzamiento en todo el imperio.

Los cuerpos de las figuras eran huecos, y las cabezas y manos se modelaban aparte y se colocaban al final.

Los soldados llevaban arcos, afiladas espadas, lanzas y ballestas auténticas. Incluso las puntas de las flechas estaban envenenadas con plomo.

¿**Cómo** vivían los celtas?

Los celtas ocuparon el norte de Europa hace unos 2500 años. Vivían en pequeñas ciudades fortificadas llamadas *castros* u *oppidas* y dedicaban gran parte de su tiempo a la agricultura y a la ganadería. También eran feroces guerreros y maestros en la forja del hierro, además de refinados orfebres. Todos ellos vivían de manera muy parecida, pero, como no llegaron a conformar una nación, fueron fácilmente absorbidos por el Imperio romano.

Una muralla circular protegía la ciudad de los fuertes vientos.

Las aldeas estaban construidas en zonas elevadas para evitar ataques sorpresivos.

Almacenaban el trigo, la cebada y el centeno en tinajas que guardaban en almacenes, con pisos altos y techumbre de paja para protegerlas de la lluvia.

Las casas se levantaban con piedras y los techos de paja se recubrían con arcilla para aislar mejor el interior. Las paredes interiores se cubrían con mimbre entrelazado.

Sabían fundir los metales y hacer aleaciones con las que elaboraban puntas de lanza y de espada que luego decoraban con dibujos de flores y plantas.

Trabajaban muy bien el hierro. Con él forjaban desde herramientas agrícolas, armas, escudos y herraduras para los caballos hasta carros de guerra.

Los castros

Los castros (*castrum,* en latín) eran poblados fortificados que surgieron probablemente en la época prerromana y que se desarrollaron en la cultura celta. Se calcula que pueda haber más de 2000 castros, y algunas de sus ruinas pueden visitarse. En España son conocidos, entre otros: castro de Baroña (A Coruña), castro de la Peña de Sámano Santullán (Cantabria), castro de las Cogotas (Ávila) o castro de Abándames (Asturias).

Un pueblo guerrero

Los celtas eran un pueblo guerrero por naturaleza. Las mujeres también conocían el uso de las armas. Para combatir los celtas utilizaban espadas de hierro y escudos circulares, y solían usar cascos con cuernos que simbolizaban la bravura y la virilidad.

Sabrosos banquetes

Los celtas solían organizar banquetes para celebrar todo tipo de acontecimientos. Lo que más les gustaba era la carne de jabalí o de cerdo, regada con una cerveza que ellos mismos hacían con trigo y miel. Acompañaban la comida con música de liras y canciones que narraban historias de amores perdidos y héroes muertos en el campo de batalla.

Los celtas criaban vacas, ovejas, cerdos y gallinas. También comían la carne de los animales que cazaban.

Druidas

Eran los hombres más respetados en la sociedad celta y tenían una enorme influencia sobre los gobernantes. Eran sacerdotes, astrónomos, jueces y conocedores de los mitos y las tradiciones más antiguas de su pueblo.

Como en muchos pueblos guerreros, las mujeres se encargaban de la agricultura y de las artesanías. Trabajaban la cestería con ramas de avellano y elaboraban paños de lana en grandes telares.

En el interior de todas las casas era típico ver un caldero que colgaba del techo. Debajo de este se mantenía siempre una hoguera encendida.

¿**Cómo** eran las viviendas en la antigua Roma?

L a mayoría de los pobladores de la ciudad vivía apiñada en edificios de varios pisos, llamados *ínsulas,* que estaban formados por numerosas viviendas pequeñas y muy poco ventiladas donde vivían los artesanos y comerciantes.
Las familias más acomodadas habitaban en residencias espaciosas, llamadas *domus,* y podían tener casas de campo o villas, que eran grandes explotaciones agrícolas.
Los campesinos que trabajaban esas tierras vivían en chozas dentro de la villa.

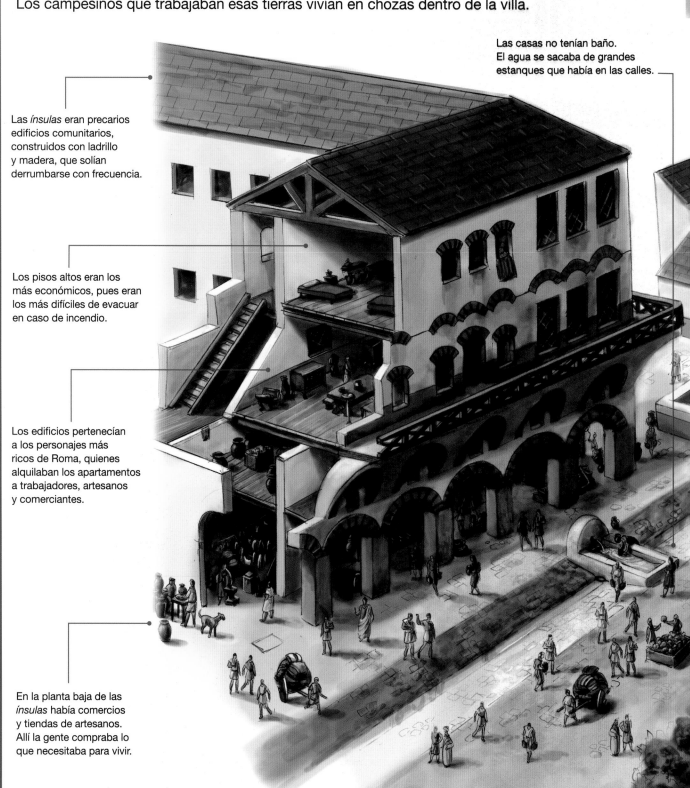

Las casas no tenían baño. El agua se sacaba de grandes estanques que había en las calles.

Las *ínsulas* eran precarios edificios comunitarios, construidos con ladrillo y madera, que solían derrumbarse con frecuencia.

Los pisos altos eran los más económicos, pues eran los más difíciles de evacuar en caso de incendio.

Los edificios pertenecían a los personajes más ricos de Roma, quienes alquilaban los apartamentos a trabajadores, artesanos y comerciantes.

En la planta baja de las *ínsulas* había comercios y tiendas de artesanos. Allí la gente compraba lo que necesitaba para vivir.

Las calzadas romanas

Los romanos construyeron una compleja red de calzadas de piedra por las que se transportaban las mercancías y transitaban las personas, las legiones y los mensajeros del emperador. Todas las calzadas partían de Roma y se dirigían a las ciudades del Imperio, incluso a las que estaban más alejadas. Los desniveles de tierra y los ríos se salvaban con puentes y viaductos. Esto favoreció la expansión y defensa del territorio.

Las termas

Todas las ciudades romanas contaban con baños públicos a los que asistían los ciudadanos. Allí había termas, donde podían darse baños de agua fría y caliente. También podían descansar en cámaras de aire templado, realizar ejercicios físicos, recibir masajes y hasta cortarse el pelo y afeitarse.

Las *domus* eran el reflejo de la riqueza de las familias tradicionales que heredaban las propiedades de una generación a otra.

Las viviendas tenían una sola planta sin ventanas al exterior. Las habitaciones se organizaban alrededor de un patio central, que era la fuente de luz y aire.

Eran casas lujosas, que solían estar decoradas con frescos, esculturas, y paredes y suelos revestidos con mosaicos.

Los esclavos que trabajaban en las *domus* no tenían espacio propio; dormían en el piso de la cocina o cerca de las habitaciones de los amos.

Los hombres y las mujeres tenían habitaciones separadas. También había espacios comunes donde la familia se reunía.

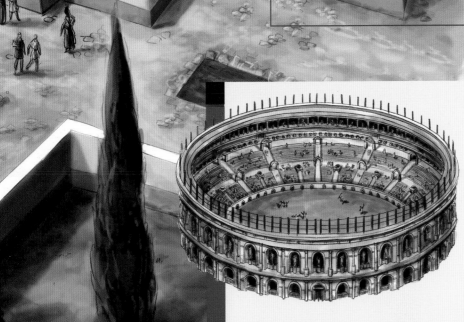

Diversión romana

La jornada laboral terminaba al mediodía. Por la tarde, los circos y anfiteatros se llenaban de personas que iban a ver los espectáculos. El emperador o un personaje destacado era el que convocaba estos actos, generalmente con el fin de promocionarse y ganarse el favor del público. En el circo solían representarse hechos de la historia romana con cientos de actores. Allí también había gladiadores (generalmente esclavos) que luchaban entre sí o con animales salvajes hasta que uno de los contrincantes moría.

¿**Por qué** se produjeron las invasiones bárbaras?

Hacia el siglo ɪᴠ el Imperio romano estaba en crisis. Como resultaba imposible defender sus fronteras, el emperador Teodosio dividió el territorio entre sus dos hijos y así surgió el Imperio romano de Oriente y el de Occidente. Las fronteras estaban habitadas por pueblos germanos que vivían pacíficamente. Sin embargo, a partir del siglo ɪᴠ, los hunos, dirigidos por Atila, comenzaron a hostigar las fronteras germanas. A partir de aquí se abrió una brecha por la que fueron incursionando otros pueblos bárbaros.

Las legiones romanas establecían sus campamentos en las fronteras para evitar la entrada de pueblos extranjeros.

En un comienzo, los romanos permitieron que los pueblos germanos se establecieran en tierras del Imperio a cambio de que las trabajaran como colonos y de que participaran en la defensa de las fronteras como legionarios. Por eso, los germanos adquirieron muchas de las costumbres romanas.

Los romanos llamaron *bárbaros,* que en griego significa «extranjero», a los pueblos que habitaban sus fronteras.

Las invasiones

El Imperio romano de Occidente sufrió cuatro grandes invasiones que terminaron por derrumbarlo en 476. La primera fue la de los visigodos, que ocurrió en 376. La siguió la de los vándalos, suevos y alanos en 406. A mediados del siglo v el Imperio fue invadido por los burgundios y finalmente por los ostrogodos, que se trasladaron a Italia en 489.

Gente sencilla

Los germanos eran un pueblo sencillo que vivía básicamente de la ganadería, el cultivo de cereales y la explotación de los bosques. Estaban gobernados por un jefe o rey elegido por una asamblea de guerreros que también administraba justicia.

Presionados por los pueblos nómadas euroasiáticos, los germanos comenzaron a guerrear entre sí. Los vencidos debían abandonar sus tierras y desplazarse hacia el sur atacando los campamentos de las fronteras.

Mausoleo de Teodorico

Son muy pocos los edificios que se conservaron de los reinos germanos, apenas algunos templos y pequeñas iglesias visigodas. Sus gruesos muros estaban formados por bloques de piedra, con ventanas estrechas y pequeñas, y escasa decoración. En la imagen el mausoleo del rey ostrogodo Teodorico, en Rávena (Italia).

Atila

Los hunos eran una tribu de nómadas que ocupaba el actual territorio de Hungría. Esa tribu estaba gobernada por dos reyes: Atila y Bleda. Pero el ambicioso Atila asesinó a su hermano Bleda e inició una serie de incursiones en las fronteras del Imperio romano, desplazando a los pueblos germanos hacia el interior del Imperio. Tan cruel era Atila con los vencidos que se le llamaba el «azote de Dios» y se decía que por donde pisaba su caballo no volvía a crecer la hierba.

Los guerreros germanos respondían a líderes que ellos mismos elegían para dirigir las incursiones. El éxito de estos caudillos hacía que más guerreros los siguieran, formando tribus cada vez más grandes.

¿**Cómo** era Constantinopla?

Constantinopla –hoy Estambul– fue la capital del Imperio romano de Oriente, también llamado Imperio bizantino. Fue fundada en el año 330 por el emperador Constantino sobre Bizancio, una antigua ciudad griega. Constantino quería que Constantinopla fuera una nueva Roma; por eso saqueó las ciudades más importantes de la época y emplazó todas las obras de arte en la nueva capital.

Constantinopla se asemejaba a Roma: tenía capitolio, senado, foro y estaba emplazada entre siete colinas.

El gran emperador

Justiniano fue el emperador más destacado del Imperio bizantino. Gobernó junto con su esposa, Teodorica, entre los años 527 y 565. A pesar del descontento de la población por los altos impuestos, Justiniano gobernó en un tiempo de paz. De hecho, aprovechó la decadencia del Imperio romano de Occidente para extender su poder hacia Italia, el norte de África y parte de la península Ibérica.

La ciudad estaba ubicada en el estrecho del Bósforo, en la entrada del mar Negro. Gracias a esta localización estratégica tenía el control de las rutas comerciales entre Europa y Asia.

El arte bizantino

En el arte bizantino confluyen influencias orientales, griegas y cristianas. Destaca por su arquitectura majestuosa, por los mosaicos artísticos que decoran los interiores de los palacios y las iglesias, y por una exquisita técnica de bajorrelieves trabajados especialmente en marfil.

Fiel al estilo del Imperio romano, Constantinopla contaba con un hipódromo donde la gente podía ver carreras de cuadrigas y espectáculos organizados por las personalidades más destacadas de la sociedad.

Un hogar en la frontera

Los bizantinos defendieron las fronteras del Imperio mediante un sistema de *themas:* se regalaban tierras fronterizas a los soldados para que, junto a sus familias, poblaran y trabajaran los campos. Es decir, que los soldados no solo defendían el Imperio de los ataques invasores, sino también sus propiedades.

La caída de un mundo

La decadencia del Imperio bizantino comenzó a finales del siglo XII cuando los cruzados atacaron la región porque los bizantinos se mantuvieron neutrales en el conflicto con el sultán de Egipto y Siria. Finalmente la ciudad sucumbió a manos de los turcos en 1453. Con la caída de Constantinopla concluye el Imperio bizantino.

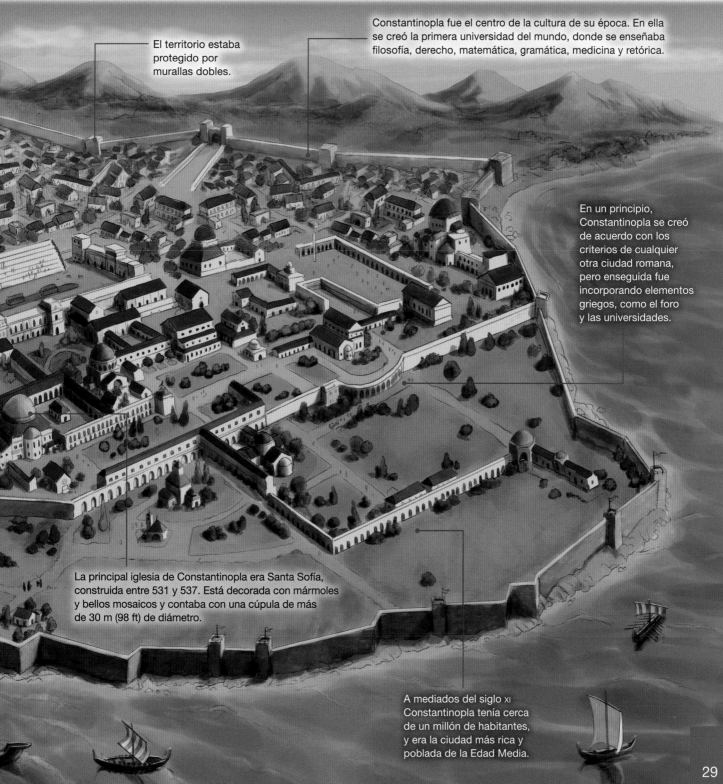

El territorio estaba protegido por murallas dobles.

Constantinopla fue el centro de la cultura de su época. En ella se creó la primera universidad del mundo, donde se enseñaba filosofía, derecho, matemática, gramática, medicina y retórica.

En un principio, Constantinopla se creó de acuerdo con los criterios de cualquier otra ciudad romana, pero enseguida fue incorporando elementos griegos, como el foro y las universidades.

La principal iglesia de Constantinopla era Santa Sofía, construida entre 531 y 537. Está decorada con mármoles y bellos mosaicos y contaba con una cúpula de más de 30 m (98 ft) de diámetro.

A mediados del siglo XI Constantinopla tenía cerca de un millón de habitantes, y era la ciudad más rica y poblada de la Edad Media.

¿**Qué** era el feudalismo?

Desde finales del siglo IX Europa se había fragmentado en numerosos reinos, principados y condados entre los cuales a menudo surgían conflictos. Los reyes no lograban defender sus posesiones porque no contaban con ejércitos ni tenían medios para que todos los rincones de sus dominios respondieran a sus órdenes. Para ello se creó el sistema feudal, por el cual los nobles quedaban ligados al rey por un pacto de fidelidad, llamado homenaje. El rey les entregaba un feudo (una tierra) y los nobles se comprometían a brindar ayuda militar. Los nobles vivían en un castillo, el centro del señorío, y en los alrededores se formaban aldeas donde moraban los campesinos que trabajaban sus tierras.

Las funciones de las mujeres

Las mujeres nobles no tenían más ocupaciones que las de casarse, dirigir las labores de los sirvientes y criar a sus niños. Dependían totalmente de sus maridos y rara vez salían del castillo. Las mujeres que no se casaban ingresaban en los monasterios para ser religiosas.

La alta nobleza y el alto clero estaban constituidos por hombres cercanos al rey. Sus integrantes tenían la obligación de ayudar al rey a gobernar y guiarlo en sus decisiones. Eran privilegiados, pues no pagaban impuestos y no necesitaban trabajar. Eran propietarios de los bosques y decidían cuándo se podía cazar en ellos o buscar leña.

Los nobles medios no tenían tantos privilegios como los de la alta nobleza. Tampoco estaban tan cerca del rey, pero lo obedecían y en muchos casos se convertían en caballeros para defenderlo de los ataques externos.

Vida monacal

En el siglo V san Benito de Nursia fundó el monasterio de Montecassino, en Italia, y la orden de los benedictinos, con reglas muy estrictas para los monjes y monjas que habitaban allí. A finales del siglo XI ya había en Europa más de 1400 monasterios. Estas edificaciones eran enormes y tenían muchas dependencias –comedor, sala capitular, hospedería donde se recibía a los peregrinos, claustro o patio, biblioteca y huerta–. Además de dedicarse a la oración, los monjes copiaban manuscritos y elaboraban medicinas.

Los artesanos, prestamistas, comerciantes y médicos ricos no tenían privilegios, pero ocupaban un lugar más destacado entre el pueblo llano.

Los campesinos dependían del señor feudal y trabajaban sus tierras a cambio del pago de tributos. El pago podía ser en productos de la tierra, en paños de tela, en animales y en servicios al señor sin retribución alguna. Además, los campesinos debían pagar un impuesto al señor por el uso del molino o de los hornos, y también pagaban peaje cuando atravesaban sus dominios.

El rey era el señor de todos sus dominios y repartía sus tierras entre los monasterios y los nobles, quienes se convertían en vasallos.

La sociedad medieval

Estaba formada por tres grupos o estamentos: los nobles, los clérigos y los trabajadores. Cada persona pertenecía al grupo social en el que nacía y era casi imposible que pasara de un estamento a otro, con excepción de los clérigos.

Los nobles estaban ligados al rey por un pacto de fidelidad y se comprometían a prestarle ayuda militar y consejo en el gobierno.

Los marginados eran criados y jornaleros que trabajaban a cambio de pagos miserables y no recibían tierras ni protección.

¿**Qué** fueron las Cruzadas?

Hacia el siglo XI los turcos otomanos representaban una importante amenaza para el Imperio bizantino y la continuidad de la cristiandad en Europa. Por esta razón, en 1095 el papa Urbano II llamó a los nobles y reyes europeos a crear un ejército que acudiera en ayuda de los cristianos de Oriente y reconquistara Tierra Santa (Jerusalén). Nacieron así las Cruzadas. Muchos caballeros, impulsados por su fe, su espíritu aventurero y la posibilidad de obtener riquezas y tierras, marcharon hacia Jerusalén contra los infieles, y la tomaron en 1099.

Causas reales

Aunque muchos europeos participaron en las Cruzadas movidos por un auténtico fervor religioso, los principales motores de la lucha fueron el deseo de expansión de la nobleza feudal y del papado, y el afán de controlar el comercio entre Occidente y Oriente.

El ejército cruzado estaba formado por caballeros y siervos de toda Europa. Estos luchaban bajo la bandera de la cristiandad en contra de los considerados paganos, herejes y musulmanes.

Los cruzados se organizaron en distintas órdenes. Algunas, como la de los caballeros hospitalarios, se ocuparon en un principio de cuidar los hospitales que había camino a Tierra Santa, pero luego se convirtieron en agrupaciones militares.

Entre 1096 y 1269 se realizaron ocho Cruzadas, en las que participaron ejércitos de todo el mundo cristiano.

Con la cruz y con la espada

En 1095 el papa Urbano II incitó a los cristianos a recuperar los lugares santos que estaban en manos de los turcos. Concedió indulgencias y aseguró que aquellos que murieran luchando contra los infieles o musulmanes obtendrían un perdón por sus pecados.

Los cruzados llevaban una cruz bordada en sus prendas como señal de que luchaban por Dios en nombre de la Iglesia. Llevaban escudos con forma ojival y pesadas espadas de hierro.

Peregrinaciones

Las principales iglesias y monasterios conservaban reliquias de santos. Esto atrajo a numerosos peregrinos que viajaban de Jerusalén –escenario de la pasión y muerte de Jesús– hasta Roma, sede del papado, o a Santiago de Compostela, donde se creía que estaba el sepulcro del apóstol Santiago.

La Cruzada de los niños

Cuenta una antigua tradición que un joven predicador francés tuvo una visión en la que Jesús le pedía que organizara una Cruzada de niños para reconquistar Tierra Santa. El joven logró que lo siguieran miles de pequeños. Como muchos de ellos no regresaron a sus casas y tampoco llegaron a Tierra Santa, se cree que fueron vendidos como esclavos o murieron de hambre y agotamiento.

Los guerreros musulmanes, o sarracenos, usaban espadas curvas llamadas cimitarras y escudos redondos.

El líder musulmán

Saladino, el sultán que gobernaba el mundo islámico, logró reconquistar Jerusalén para los musulmanes. Esto produjo la convocatoria de la tercera Cruzada, en la que se enfrentó a Ricardo Corazón de León, rey de Inglaterra.

Oriente Medio estaba en manos de los turcos selyúcidas, quienes lucharon en nombre del mundo islámico contra la causa cruzada de Europa.

¿**Cómo** era la vida en la
Baja Edad Media?

E n la Edad Media había una clase dirigente muy rica y poderosa y un campesinado pobre que trabajaba sin cesar. Gracias al desarrollo de nuevas técnicas agrícolas pudo obtenerse un mayor rendimiento y el comercio creció. Con el auge de las ciudades muchos campesinos emigraron en busca de nuevas oportunidades. Surgió una nueva clase social, la burguesía, formada por comerciantes, artesanos y personas libres que no dependían de un señor feudal.

Los animales eran vendidos vivos en los mercados.

Las mujeres iban al mercado a comprar las telas para confeccionar la ropa de toda la familia.

El crecimiento de las ciudades incrementó el número de artesanos, que podían ser toneleros, orfebres, carpinteros, panaderos, tejedores o alfareros.

Las ferias eran mercados en los que se vendían productos agrícolas y animales. Solían instalarse en las poblaciones situadas en los cruces de caminos.

La España árabe

En la batalla de Guadalete, en el año 711, las tropas árabes y beréberes del noroeste de África derrotaron al ejército visigodo. A partir de ahí, en poco tiempo, se hicieron con el control de casi toda la Península Ibérica, que pasó a denominarse Al Ándalus. Córdoba se convirtió en la capital y llegó a ser el mayor núcleo intelectual y comercial. La ocupación árabe se dilató durante ocho siglos, dejando un legado histórico que perdura hasta nuestros días. Muestras de la permanencia árabe son, entre otras muchas, la Alhambra de Granada, palabras como *almohada, Guadalquivir, alférez*, o conocimientos de medicina, astronomía y otras ciencias. En 1492, tras el avance imparable de la Reconquista, los Reyes Católicos tomaron Granada poniendo fin a 800 años de ocupación musulmana en la Península.

Maestros y aprendices

Los dueños de los talleres eran los artesanos con más experiencia, llamados maestros. El maestro era asistido por un oficial, un trabajador experimentado que recibía un salario. En cada taller también solía haber un aprendiz, un joven que trabajaba para aprender el oficio. Los aprendices no cobraban salario, pero podían vivir en la casa de su maestro, quien los mantenía. Pasaba mucho tiempo para que un aprendiz se convirtiera en oficial y mucho más para que llegara a ser maestro.

La peste

A finales de 1347 una misteriosa enfermedad llamada «peste negra» llegó a Europa desde Asia y se expandió velozmente por todo el continente. Nadie sabía cómo curar ese mal, y la gente huía de las ciudades hacia el campo, lo que hizo que se extendiera aún más. Los médicos recetaban hierbas para quitar la peste de la sangre. Los enfermos creían que se trataba de un castigo divino y rezaban y se flagelaban para librarse de los pecados. Se calcula que la peste negra mató a un tercio de los europeos.

El desarrollo del comercio durante la Edad Media impulsó el surgimiento de las ciudades. Estos lugares escapaban al control de los señores feudales y por eso muchos campesinos se mudaban allí.

La base de la alimentación de la gente eran los cereales, las verduras y las legumbres.

¿**Cuáles** eran los grandes
imperios americanos?

Al llegar a América, Cristóbal Colón se encontró con nativos que vivían en pequeñas tribus, sin demasiada organización. Pero, cuando los conquistadores se adentraron en el continente, descubrieron tres grandes civilizaciones americanas: los mayas y los aztecas, establecidos en México y Centroamérica, y los incas, en América del Sur (Perú, Bolivia, parte de Ecuador, noroeste de Argentina y norte de Chile).

La ciudad imperial

Los aztecas vivían en numerosas ciudades-Estado que dependían de Tenochtitlan, la capital imperial. Allí vivían el emperador, los nobles y también los sacerdotes. Cuando los españoles llegaron al Imperio en 1519, Tenochtitlan era una gran ciudad muy bien organizada y contaba con varios templos. En el centro estaba el Recinto Sagrado, una gran pirámide donde se realizaban sacrificios.

Los aztecas eran un pueblo guerrero que durante años luchó por expandir su imperio.

Los «guerreros águila» provenían de la nobleza, el resto estaba en la categoría de «guerreros jaguar».

La sociedad maya estaba organizada en cuatro castas: los *nobles,* los *sacerdotes,* el *pueblo* y los *esclavos,* que generalmente eran prisioneros.

Los nobles y sacerdotes vivían en los centros ceremoniales y el resto de la población habitaba en las aldeas que se construían alrededor de estas grandes edificaciones.

Los mayas eran excelentes astrónomos. Sus conocimientos matemáticos y astronómicos les permitieron realizar un calendario de gran precisión. Además contaban con una escritura jeroglífica.

Los *quipus*

Aunque los incas no tenían escritura, contaban con unas cuerdas anudadas de distintos colores, llamadas *quipus,* que servían para realizar operaciones matemáticas básicas y registrar datos importantes. Los *quipus* solo podían ser leídos o «escritos» por funcionarios del Imperio. En ellos se guardaban datos sobre la cantidad de nacimientos o de muertes, el alimento producido en cada región, el número de armas o de ganado. Solían guardarse en vasijas y cada funcionario tenía varios a su cargo.

Un juego de riesgo

Periódicamente los mayas realizaban un juego de pelota que era un espectáculo y una ceremonia religiosa a la vez. Los participantes debían pasar una bola de caucho a través de un aro tallado en la piedra, pero solo podían hacerlo con los codos, las rodillas y las caderas.
Los miembros del equipo que perdía eran ofrecidos en sacrificio a los dioses.

Para atacar usaban arcos con dardos y flechas, y lanzas con puntas de piedra obsidiana.

Machu Picchu

La ciudad sagrada de los incas fue construida a mediados del siglo xv. Era una de las residencias de Pachacútec, el primer emperador inca, y también un santuario donde se realizaban ceremonias religiosas. Fue descubierta hacia 1867 y hoy es considerada por la Unesco como Patrimonio de la Humanidad.

Según su bravura y sus proezas, un guerrero azteca podía ascender en el rango militar. Para llegar a ser guerrero jaguar, un soldado debía atrapar a unos 12 prisioneros. Los guerreros águila tenían mucho más poder.

Los guerreros usaban escudos de madera como arma defensiva. También llevaban corazas de algodón para proteger su cuerpo.

Los incas contaban con una amplísima red de caminos que permitían una rápida comunicación entre las ciudades. También construían fortalezas de piedra para defenderlas.

Fundaron su enorme imperio en zonas montañosas. Como eran un pueblo agrícola, crearon un sistema de terrazas para aprovechar al máximo la ladera de la montaña.

Tenían un sistema de trabajo comunitario llamado *minga.* Los vecinos de una región trabajaban en la cosecha de todos los campos y los frutos recogidos se repartían de manera equitativa.

¿**Qué** sucedió tras el descubrimiento de América?

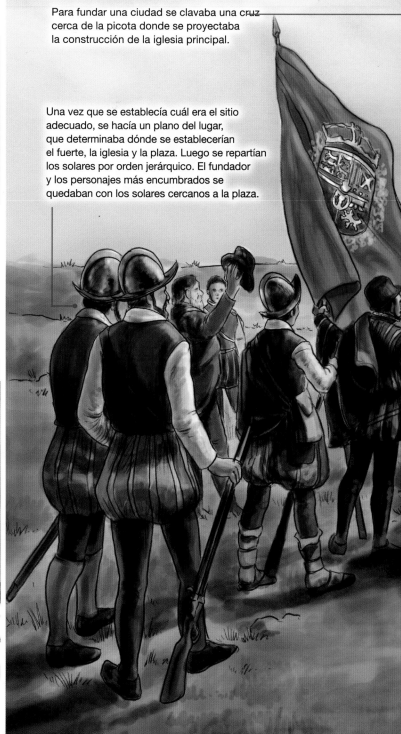

El descubrimiento de América supuso la posterior realización de numerosos viajes de exploración. El pequeño territorio que Cristóbal Colón había visto era parte de un enorme continente desconocido por los europeos. Los viajes dieron inicio a la conquista de América y a la apropiación y explotación de las nuevas tierras por parte de las potencias europeas, especialmente por aquellas que tenían costas sobre el océano Atlántico (España y Portugal). La fundación de ciudades no seguía criterios caprichosos, sino que incluía un detallado ritual que había que respetar.

Descubrimiento y conquista

1492. Colón llegó a América, pero creyó que había llegado a Asia.

1503. Tras su viaje a las nuevas tierras, Américo Vespucio afirmó que se trataba de un continente desconocido para los europeos.

1513. Núñez de Balboa descubrió el mar del Sur, bautizado más tarde como océano Pacífico.

1519. La nave comandada por Fernando de Magallanes y luego por Juan Sebastián Elcano partió de España y regresó en 1522 tras dar la vuelta al mundo.

Los pros y los contras

Gracias al descubrimiento y la conquista, Europa desarrolló técnicas de navegación, creó nuevas rutas marítimas y nuevos puertos, perfeccionó las cartas geográficas y obtuvo abundantes beneficios económicos. Las consecuencias para América no fueron tan beneficiosas: se propagaron enfermedades que no existían en la región, se destruyeron las civilizaciones existentes y los pueblos nativos debieron servir al hombre blanco.

Para fundar una ciudad se clavaba una cruz cerca de la picota donde se proyectaba la construcción de la iglesia principal.

Una vez que se establecía cuál era el sitio adecuado, se hacía un plano del lugar, que determinaba dónde se establecerían el fuerte, la iglesia y la plaza. Luego se repartían los solares por orden jerárquico. El fundador y los personajes más encumbrados se quedaban con los solares cercanos a la plaza.

A la conquista de los imperios americanos

En 1519 un grupo de hombres comandados por Hernán Cortés llegaron a la costa mexicana y al cabo de tres años conquistaron el Imperio azteca, una de las más grandes y ricas civilizaciones americanas. Los españoles contaban con sofisticadas armas de fuego (arcabuces, morteros, cañones) y también con caballos y perros de presa, animales desconocidos por los nativos. La conquista del Imperio inca, por parte de Francisco Pizarro, afianzó la dominación española en la región.

Esclavos importados

Desde el momento en que los españoles llegaron a América, la población nativa comenzó a mermar. Las causas fueron muchas; entre ellas, los enfrentamientos y los trabajos excesivos, a los que los aborígenes no estaban habituados. Los conquistadores remediaron la situación llevando esclavos africanos a la región.

El reparto del Nuevo Mundo

Hacia 1470 España y Portugal se disputaban el dominio del océano Atlántico. Portugal había logrado varias conquistas en la costa africana, mientras que España tenía bajo su poder las islas Canarias. Cuando Colón regresó de su primer viaje, España reclamó las tierras descubiertas ante el papa Alejandro VI. En 1493 el pontífice hizo un reparto de las tierras por descubrir entre España y Portugal usando como eje un meridiano divisorio, a 100 leguas al oeste de las Azores y Cabo Verde. Posteriormente, en 1494, se firmó el tratado de Tordesillas, que marcaba una nueva delimitación.

La picota era un tronco que se clavaba en el suelo y simbolizaba la justicia. Se ponía en el sitio donde posteriormente estaría la plaza.

El fundador realizaba una apropiación simbólica del sitio cortando un haz de hierbas; luego retaba a los presentes a que le impidieran llevar a cabo ese acto. Por último, levantaba la espada y bautizaba el lugar con un nombre cristiano.

Las ciudades se fundaban en sitios a los que era fácil llegar en barco.

El español y el portugués fueron las lenguas que se impusieron en estas tierras, y la religión católica, la única oficialmente aceptada.

¿**Qué** fue el Renacimiento?

E ntre los siglos XIV y XV surgió en Italia un movimiento de recuperación de los valores de la antigua Grecia y de la antigua Roma. La mirada cambió y surgió el humanismo, una corriente de pensamiento en la que el hombre era la medida de todas las cosas. Este movimiento, llamado Renacimiento, se extendió por toda Europa e influyó en todos los aspectos de la cultura y del arte.

Libros para todos

Hacia 1450 apareció la imprenta de tipos móviles creada por un impresor alemán llamado Johannes Gutenberg. La primera gran obra impresa por Gutenberg fue la Biblia. Este invento permitió también la impresión de libros a gran escala y la consecuente difusión de obras profanas que se publicaban en lenguas populares y ya no solo en latín y griego.

A partir del Renacimiento, las obras dejaron de ser anónimas. Como esta, *La escuela de Atenas,* que fue pintada por Rafael.

En esta obra, el pintor hace un compendio de la sabiduría clásica y contemporánea incluyendo personajes de la antigua Grecia, como Aristóteles y Diógenes, y de su tiempo, como Leonardo da Vinci y Miguel Ángel.

Mirando al cielo

Nicolás Copérnico (1473-1543) era un astrónomo polaco que publicó una teoría heliocéntrica, según la cual la Tierra no era el centro del universo como se creía. Copérnico afirmaba que el Sol se encontraba en el centro del universo y que la Tierra y los demás planetas giraban en torno a él. La Iglesia católica rechazó su teoría y su obra pasó a integrar la lista de los libros prohibidos. Sin embargo, su trabajo constituye la base de la astronomía moderna.

Las pinturas se preparaban a partir de pigmentos minerales o animales, que se molían y a los que se incorporaban sustancias oleosas.

Las nuevas pinturas al óleo permitían crear transparencias y trabajar las profundidades y la perspectiva. En las obras se destacaban los pliegues de la ropa y se incluían paisajes naturales.

Hombres del Renacimiento

El prototipo de hombre renacentista se encarna en Leonardo da Vinci, pero también son personajes destacados de este período Miguel Ángel, Alberto Durero, Johannes Kepler, Erasmo de Rotterdam, Antonio de Nebrija o Juan Luis Vives.

Las paredes y los techos de los edificios más destacados y de los palacios se decoraban con enormes frescos murales como en los tiempos de la antigua Grecia.

Las paredes se preparaban con estuco húmedo, al que se le aplicaban los colores para que se adhirieran a la superficie.

Durante la Edad Media apenas se elaboraban retratos y no había rasgos que diferenciaran los rostros. A partir del Renacimiento, el retrato se convierte en uno de los géneros artísticos principales.

¿**Qué** fue el Siglo de Oro español?

Durante los siglos XVI y XVII, en España hubo un florecimiento de la literatura y las artes. Aunque recibe el nombre de Siglo de Oro, este período abarcó casi 200 años y coincidió con el momento en que España era una potencia europea, poseedora de un rico imperio de ultramar. Los artistas de esta época abordaron temas que iban más allá de lo religioso, y tanto las obras literarias como la pintura reflejaban a menudo la vida y costumbres del momento.

En 1492 el filólogo Elio Antonio de Nebrija presentó a la reina Isabel de Castilla su *Gramática de la lengua castellana.* Se trataba de un acontecimiento destacado, pues hasta ese momento solo se consideraban dignos de estudio el latín y el griego.

El Siglo de Oro dio obras fundamentales para la literatura española, como la *Celestina* de Fernando de Rojas o *El lazarillo de Tormes,* de autor anónimo, entre otras. Los libros de caballerías tuvieron su apogeo y mucha aceptación popular con obras como *Palmerín de Inglaterra* o *Amadís de Gaula,* aunque, sin duda, fue *Don Quijote de la Mancha* la máxima expresión de este género.

El *Quijote* narra las andanzas de un caballero, don Quijote, y su escudero, Sancho Panza. Con esta obra, Cervantes pretendía burlarse de los libros de caballería, que tenían gran éxito popular aunque carecían por lo común de méritos literarios. El personaje principal se identifica con el mundo imaginativo de esos libros y decide convertirse en caballero andante, pero todos terminan mofándose de su locura.

El teatro

Durante la Edad Media, las obras teatrales, generalmente de carácter religioso y moralizante, se representaban en las cercanías de las iglesias. En el Siglo de Oro aparecieron los «corrales de comedias», patios interiores en el centro de una manzana de viviendas donde se improvisaba un escenario. Allí se representaban obras dramáticas que abordaban temas como el honor, la desilusión, el amor o la moral. A lo largo de este período surgieron notables autores y las representaciones se hicieron muy populares.

Arquitectura de oro

Durante este período se construyeron obras monumentales, como el monasterio de San Lorenzo de El Escorial. Este edificio fue el centro político de Felipe II, pero también albergó un palacio, donde vivió el monarca, y una inmensa biblioteca. Allí el rey hizo construir un panteón para sus familiares, una basílica y un monasterio. Los planos de esta obra fueron diseñados por el arquitecto Juan Bautista de Toledo, con la colaboración de Juan de Herrera, y se caracterizaron por un estilo propio de la España barroca: el estilo herreriano.

Diego Velázquez fue uno de los máximos representantes de la pintura barroca española del siglo XVII. Durante muchos años fue pintor de la corte de Felipe IV y realizó numerosas obras en las que aparecen personajes de la corte, como *Las Meninas,* una de sus obras más reconocidas.

La poesía alcanzó su máximo esplendor en la obra mística de fray Luis de León y san Juan de la Cruz. Las formas poéticas italianas se introdujeron en España y surgieron dos tendencias. Por un lado, el culteranismo, representado por Luis de Góngora, hacía más hincapié en la manera de decir que en el contenido; estaba cargado de metáforas, latinismos y alusiones a la mitología griega. Por otro lado, el conceptismo, que tuvo en Francisco de Quevedo a su máxima figura, se preocupaba más por el contenido, y recurría con frecuencia a los juegos de ingenio y al humor.

¿**Qué** pasó durante la
Revolución francesa?

A finales del siglo XVIII Francia era gobernada por la monarquía absoluta de Luis XVI. La sociedad estaba dividida entre unos pocos privilegiados (la nobleza y el clero) y el pueblo llano constituido por los no privilegiados (burgueses y campesinado). En 1789 –con una grave crisis financiera de fondo– el rey convocó a los Estados Generales (representantes de la nobleza, el clero y el pueblo llano) para legislar en materia económica. Disconforme, el pueblo se alzó en armas contra el poder; no reconocían otra autoridad que la Asamblea Nacional Constituyente. En agosto de 1789 se abolió el sistema feudal y se difundió la Declaración de los Derechos del Hombre y del Ciudadano.

Además de ser el símbolo de la monarquía, la Bastilla era también el más importante arsenal de París. La intención de los revolucionarios era apropiarse de las armas y de la pólvora que se guardaban allí.

Los parisinos asaltaron la Bastilla, que era la prisión estatal.

El lema de los revolucionarios era «Libertad, igualdad y fraternidad».

El rey, temeroso, envió tropas leales a las afueras de París para cercar a los insurrectos que se habían organizado en una asamblea popular.

El gorro frigio rojo era el símbolo de la libertad republicana.

Declaración de los Derechos del Hombre

El 26 de agosto de 1789 la Asamblea Nacional proclamó la Declaración de los Derechos del Hombre y del Ciudadano, en la que se afirmaba que todos los hombres nacen libres e iguales en sus derechos. También garantizaba la libertad de expresión, el trato justo a los acusados y la presunción de inocencia de todos los detenidos.

Nuevas reglas

La Asamblea Nacional (1789-1791) constituida por los revolucionarios tomó medidas drásticas que el rey debió acatar: abolió los privilegios feudales, los derechos de los terratenientes y la servidumbre a la que estaba expuesto el campesinado. También estableció una monarquía constitucional, un sistema político en el que el rey es el jefe de Estado pero debe respetar una constitución.

El pueblo en Asamblea

La Asamblea Legislativa (1791-1792) tenía muchos enemigos: los nobles, el clero, la familia real y las monarquías de otros países. Todos temían que las ideas revolucionarias se extendieran más allá de las fronteras francesas. Austria y Prusia declararon la guerra a Francia. Una nueva revuelta hizo que se formara una Convención (1792-1795) que reemplazó a la Asamblea Legislativa. Esta Convención, más dura, decretó el arresto del rey y su ejecución, abolió la monarquía y proclamó la Primera República.

Ideas ilustradas

La Ilustración fue una corriente filosófica que inspiró a los revolucionarios. Sus representantes más destacados fueron el barón de Montesquieu, quien abogó por la división de poderes vigente en las constituciones modernas, y Voltaire, defensor de la tolerancia religiosa y la justicia garantizada por la ley.

Días de terror

La Convención estaba en manos de grupos revolucionarios, como el de Maximilien de Robespierre, que protagonizaron lo que se conoce como el reinado del terror en Francia. Del mismo modo en que fueron ajusticiados el rey y su esposa, María Antonieta, unas 50 000 personas pasaron por la guillotina por no apoyar la República.

¿**Cómo** llegó Napoleón al poder?

Desde 1795, Francia estaba gobernada por un Directorio formado por cinco miembros. A pesar de su grave crisis financiera, la República triunfaba en la guerra contra Prusia y España, y esto trajo como consecuencia el prestigio del Ejército, especialmente de uno de sus generales en jefe: Napoleón, quien había ganado una enorme fama cuando, en 1793, dirigió un ataque contra los ingleses que ocupaban el puerto de Tolón. En 1799 Napoleón dio un golpe de Estado, disolvió el Directorio y estableció un nuevo régimen de gobierno, el Consulado. Sin embargo, su comportamiento se fue tornando cada vez más dictatorial y en 1804 se autoproclamó emperador de Francia.

Napoleón era un estratega militar que gozaba de un gran prestigio entre la población. Durante el Consulado, y luego como emperador, llevó a cabo numerosas reformas sociales, sentó las bases de un sistema educativo y financiero y creó un código civil moderno.

Con el apoyo de gran parte de la aristocracia, Napoleón se autoproclamó emperador el 2 de diciembre de 1804 en la catedral Notre-Dame de París. A partir de ese momento se convirtió en Napoleón I, con lo cual la monarquía quedaba restablecida en Francia.

Trafalgar

Una de las batallas más decisivas en la vida de Napoleón fue la que se libró en octubre de 1805 frente al cabo de Trafalgar (Cádiz). Una flota francesa y de los aliados españoles se enfrentó a una escuadra inglesa al mando del almirante Nelson.
La táctica empleada por Nelson fue innovadora y terminó por destruir a la flota francesa. Esta derrota frustró el propósito de Napoleón de invadir las Islas Británicas.

Dueño del mundo

Como desde los tiempos de la Revolución Francia significaba un riesgo para las monarquías europeas, estas le declararon la guerra. En 1812 Napoleón había logrado conquistar un enorme territorio que iba desde el mar Báltico hasta el sur de Roma. España, Italia y Alemania estaban gobernadas por parientes de Napoleón y gran parte de Europa se encontraba bajo el poder francés. Solo Inglaterra y Rusia se mantenían independientes. Ese mismo año, Napoleón decidió invadir Rusia. Le acompañaba una tropa de medio millón de hombres. Los rusos retrocedieron hacia el interior del país y los franceses entraron confiados en el territorio. Las tropas tomaron Moscú sin problemas, pero al no conseguir alimentos para su ejército, Napoleón tuvo que regresar a Francia. El crudo invierno ruso mató a miles de soldados franceses. Este fue el comienzo de la decadencia de su poder.

En la coronación de Napoleón estuvo presente el papa Pío VII y contó con su aprobación. No obstante, Napoleón le quitó la corona al Papa y se la colocó el mismo, declarándose así más poderoso que el representante de Dios en la Tierra.

Tras coronarse a sí mismo, Napoleón coronó a su esposa Josefina.

Arco del Triunfo

Durante el gobierno de Napoleón se construyeron numerosos monumentos y arcos de triunfo que recordaban las hazañas del emperador. El sueño de Napoleón era que París se convirtiera en una «nueva Roma».

El fin de una era

Tras la derrota de Leipzig en 1814, una coalición antifrancesa entró en París y Napoleón debió abdicar y exiliarse en la isla de Elba. En 1815 volvió a París y recuperó el poder, pero solo durante 100 días, ya que fue derrotado definitivamente en Waterloo (Bélgica) por las tropas inglesas y prusianas y terminó deportado a la isla de Santa Elena, donde murió en mayo de 1821.

¿**Qué** fue el Motín del Té?

Los habitantes de las colonias inglesas en América del Norte estaban disconformes porque, a pesar de que pagaban impuestos, no tenían representación en el Parlamento británico ni podían tomar decisiones políticas. Desde hacía años las colonias pagaban tributos para sostener la Guerra de los Siete Años contra Francia, e Inglaterra siempre pedía más. El desencadenante fue el impuesto que gravaba el té: hubo actos de protesta, y uno de ellos, el Motín del Té (1773), en Boston, produjo la ruptura de relaciones con la metrópoli.

Inglaterra gravó con importantes impuestos mercancías que los colonos importaban asiduamente, como el té, el vidrio, el plomo y el papel. Los colonos se negaron a comprar el té que llegaba de Inglaterra y comenzaron a importarlo clandestinamente de Holanda.

El 16 de diciembre de 1773, durante el denominado Motín del Té, un grupo de colonos liderado por Samuel Adams se dirigió al puerto y, armado con hachas y cuchillos, amedrentó a los marineros de los barcos mercantes ingleses *Beaver*, *Dartmouth* y *Eleanor*.

Los colonos de Nueva Inglaterra solo podían comerciar con Gran Bretaña, aunque esta les pagara precios más bajos por el azúcar, el tabaco y el algodón.

Ingleses en América

Los primeros «peregrinos» ingleses llegaron a la costa oriental de América del Norte en 1620. Eran puritanos cristianos que iban a bordo del *Mayflower* y huían de la persecución religiosa en su país. Los colonos se instalaron en Plymouth y debieron soportar un invierno devastador en la región. Se cree que no hubieran podido sobrevivir sin la ayuda de los nativos. Hubo muchas otras oleadas de inmigrantes que fueron poblando las 13 colonias de la costa este. Su desarrollo fue rápido y la población se duplicó en menos de 100 años. Las 13 colonias, que en 1776 firmaron la Declaración de la Independencia eran: New Hampshire, Massachusetts, Rhode Island, Connecticut, Nueva York, Pensilvania, Delaware, Maryland, Virginia, Carolina del Norte, Carolina del Sur y Georgia.

Los amotinados, disfrazados de indios mohawk, comenzaron a destruir las más de 340 cajas y arrojaron el té al mar. Esta fue la primera acción directa contra los impuestos de Inglaterra.

Una sociedad distinta

A mediados del siglo XVIII había más de un millón de habitantes en las 13 colonias de la costa este. Este aumento se debió a la emigración masiva de europeos (principalmente alemanes, irlandeses, franceses y escoceses) y esclavos. Las diferentes religiones y costumbres propiciaron una sociedad basada en la tolerancia y en la pluralidad.
Los comerciantes, burgueses y terratenientes formaban la clase alta; los artesanos, agricultores y otras profesiones, la clase media; los esclavos y sirvientes estaban en la escala más inferior.

En represalia por el Motín del Té, el rey de Inglaterra emitió leyes para castigar a los colonos.
Las 13 colonias consideraron que esta medida era intolerable y promovieron la organización del Primer Congreso Continental y el comienzo de la guerra por la independencia.

Guerras de la Independencia

Boston fue sofocada por las tropas inglesas, enviadas por el rey Jorge III, que también tenían la misión de acabar con todas las rebeliones que habían surgido en las colonias. Entre la población crecía la idea de que no era necesario seguir bajo el dominio británico. Querían disponer de las mismas libertades que tenían los ingleses, un gobierno propio y sus propias leyes. En 1775 estalló la guerra contra Inglaterra, que terminó en 1783 cuando los ingleses firmaron el Tratado de París y reconocieron la independencia de las 13 colonias.

¿**Cómo** cambió la vida tras la
Revolución industrial?

L a introducción de máquinas movidas por vapor produjo un cambio radical en las formas de vida de la sociedad: la sustitución del trabajo artesanal por el industrial. Los productos que se elaboraban de modo casero o en pequeños talleres comenzaron a realizarse en grandes establecimientos –las fábricas– donde los obreros asalariados elaboraban todo tipo de mercancías, desde telas hasta cacerolas. La Revolución industrial conllevó un gran desarrollo de la producción y marcó el paso de una sociedad agrícola y tradicional a una sociedad industrial y moderna.

En las sociedades más antiguas, la mayoría de los pobladores eran campesinos y esclavos que obedecían al soberano, a los sacerdotes y a los nobles.

En la Edad Media los aldeanos habitaban y trabajaban las tierras de los señores feudales. Debían entregar una parte de lo que obtenían con las cosechas para pagar el diezmo a la Iglesia y la renta al señor. El resto les pertenecía a ellos.

Con la aparición de las máquinas de vapor surgieron las fábricas, donde los obreros trabajaban a cambio de un salario. Los trabajadores cumplían un horario y solo al cabo de ese tiempo podían abandonar sus tareas.

Los empresarios invertían el capital en la instalación de su empresa, en la compra de materias primas y en los salarios. También destinaban dinero a la creación de bancos, entidades financieras y compañías de comercio. Se produjo un rápido crecimiento de las ciudades, ya que muchos campesinos se instalaban en los barrios y zonas industriales donde conseguían trabajo.

La primera máquina de vapor

A comienzos del siglo XVIII, el inglés Thomas Newcomen ideó una máquina que, movida por la fuerza del vapor, bombeaba el agua que se acumulaba en las minas de carbón. Esta máquina fue perfeccionada por el escocés James Watt y el uso del vapor se aplicó en otras maquinarias con distintas funciones. A Newcomen se le conoce como el padre de la Revolución industrial.

Nuevas fuentes de energía

El empleo del vapor y del carbón mineral como fuentes de energía favoreció el desarrollo del sistema de fábricas. Anteriormente, para producir bienes o para el transporte se usaba la energía humana o animal, el agua y el viento. Pero, durante la Revolución industrial, el uso de máquinas accionadas por combustibles fósiles –como la locomotora de vapor– mejoró el tiempo de producción, abarató los costes y aumentó la capacidad productiva.

Trabajo especializado

Con la creación del trabajo industrial, los obreros dejaron de realizar un trabajo completo, es decir que ya no participaban en todo el proceso de elaboración de un producto. Nacía así la división del trabajo. Con este sistema cada empleado formaba parte de una cadena de producción en la que cada uno hacía una tarea específica, como colocar un tornillo o ajustarlo. Esto generó un trabajo más eficiente y una producción más económica, aunque resultaba más monótono.

Cuando no era tiempo de siembra ni de cosecha, los campesinos y esclavos trabajaban en los grandes monumentos, en las minas de cobre y en el ejército.

Obreros rentables

En las fábricas trabajaban hombres, mujeres y niños. A estos dos últimos se les pagaba mucho menos por su trabajo y por eso resultaban más rentables. Aunque se crearon leyes que trataron de regular el trabajo infantil limitando el horario, la edad o el tipo de empleo, lo cierto es que no se respetaron y hubo muchos abusos.

El crecimiento de las ciudades incrementó el número de artesanos medievales. Los que se dedicaban a una misma actividad se asociaban y formaban gremios para establecer las reglas del oficio y controlar la calidad de los productos y su precio.

La Revolución industrial supuso un importante cambio en el transporte. Como el ferrocarril se convirtió en un medio rápido, seguro y barato, se multiplicaron las líneas férreas en todo el mundo.

Los barcos con cámaras frigoríficas permitieron transportar productos perecederos a grandes distancias.

¿**Qué** bandos se enfrentaron en la Gran Guerra?

En la Gran Guerra o Primera Guerra Mundial (1914-1918) combatieron más de 30 países. Fue el mayor conflicto bélico de la humanidad hasta ese momento y el mundo se dividió en dos bandos. Por un lado, Alemania estaba aliada con el Imperio austrohúngaro, Turquía y Bulgaria, y, por otro lado, se unieron Gran Bretaña, Rusia, Francia, Bélgica y Serbia, a los que posteriormente se sumaron Estados Unidos, Italia, Rumania, Grecia y Portugal. La guerra duró cuatro años, movilizó tropas de todos los países, potenció la industria de las armas y mató a millones de personas.

El mundo en guerra

Aunque hubo conflictos en el cercano Oriente y en África, el eje de la Primera Guerra Mundial estuvo en Europa, especialmente en Francia e Italia. Mientras los países que participaban en el conflicto destinaban sus recursos a la batalla, las naciones neutrales abastecieron de armas y alimentos a los países beligerantes y sus economías prosperaron.

El 28 de junio de 1914, el archiduque Francisco Fernando, heredero del Imperio austrohúngaro, fue asesinado en Sarajevo. El asesino era un bosnio que reclamaba la formación de la Gran Serbia en los Balcanes, una región que estaba bajo el dominio austrohúngaro.

Tras la muerte del archiduque se intentaron varias acciones diplomáticas para resolver el conflicto de forma pacífica, pero no fue posible y Austria le declaró la guerra a Serbia. Rusia movilizó sus tropas en apoyo de Serbia y esto dio inicio a la guerra.

La Primera Guerra Mundial se recuerda como «la guerra de las trincheras». Se cree que debido a su existencia el conflicto duró tanto tiempo.

Los soldados avanzaban hasta donde podían y cavaban largos túneles que los comunicaban de un lugar a otro.

Cuando los soldados salían de las trincheras, debían avanzar a gran velocidad, para escapar de los ataques de ametralladoras y granadas.

La guerra silenciosa

La Primera Guerra Mundial trajo consigo el inicio de la guerra química. Alemania contaba con laboratorios que producían gases venenosos. El 22 de abril de 1915, aprovechando el viento favorable, los soldados alemanes abrieron cilindros con cloro y una nube tóxica cubrió las trincheras francesas en Ypres (Bélgica). A partir de ese momento la industria química y armamentística se dedicó a la elaboración de bombas de artillería con gases tóxicos. Los soldados debieron proveerse de máscaras antigás para evitar la asfixia.

Máquinas de guerra

A partir de la Gran Guerra las potencias industriales se dedicaron a crear armas, como las granadas, las ametralladoras, los lanzallamas y el gas venenoso. Además, se idearon máquinas altamente destructivas, como el submarino, el avión bombardero y el tanque.

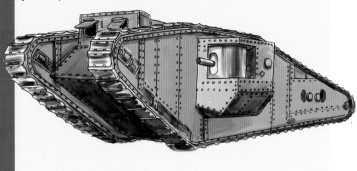

El 7 de mayo de 1915, el *Lusitania,* un barco de lujo que se encontraba frente a las costas de Irlanda, fue hundido por un submarino alemán. En la embarcación viajaban unos 2000 pasajeros, de los cuales 124 eran estadounidenses.

En el ataque al *Lusitania* murieron unos 1200 pasajeros y fue una de las causas que empujó a Estados Unidos a intervenir en la guerra a favor de los aliados.

Las mujeres durante la guerra

Mientras los hombres se encontraban en los frentes de batalla, muchas mujeres dejaron sus hogares para trabajar en las fábricas, ensamblar piezas de armas, conducir camiones, empaquetar municiones y ayudar en los hospitales militares.

Llega la paz

La guerra duró hasta finales de 1918 y Alemania y sus aliados fueron derrotados. En 1919, mediante la firma del Tratado de Versalles los vencedores impusieron duras sanciones a Alemania: pérdida territorial, limitaciones operativas a su ejército y ocupación de parte del territorio. Esto produjo un enorme malestar entre el pueblo alemán.

Las trincheras se protegían con largas hileras de alambre de púas para que los enemigos no pudieran acercarse demasiado.

¿**Por qué** se produjo la Revolución rusa?

En 1917 el pueblo ruso padecía hambre y estaba disconforme con el papel de su nación en la Primera Guerra Mundial. Los rusos consideraban que todo era consecuencia de la incapacidad de su soberano, el zar Nicolás II. En febrero de 1917 un movimiento revolucionario destituyó al zar y constituyó un gobierno provisional formado por miembros de la Duma (el Parlamento). En octubre Rusia fracasaba en la guerra y las reformas no resultaban convincentes. Se produjo entonces una nueva revolución de carácter comunista y se constituyó la URSS (Unión de Repúblicas Socialistas Soviéticas).

Mencheviques y bolcheviques

Hacia 1917 dos grupos revolucionarios intentaban cambiar el curso de la vida de los rusos.
Los *mencheviques,* que eran socialistas moderados, tomaron el poder en febrero de 1917 y pusieron al frente al socialista Aleksandr Kérenski.
Los *bolcheviques,* que eran socialistas más radicalizados, iniciaron otra revolución en octubre, ya que los *mencheviques* no habían logrado sacar a Rusia de la guerra ni completar la reforma agraria.

Tras el triunfo de la revolución, Lenin se estableció en Moscú y comenzó la transición hacia un gobierno comunista: entregó tierras a los campesinos, puso las fábricas en manos de los obreros y llamó a la paz mundial. Cinco meses después, Lenin firmaba la paz con Alemania.

Comienzo del estallido

El levantamiento de octubre, liderado por los bolcheviques, se inició con un tiro de salva disparado desde el crucero *Aurora,* que estaba anclado frente al Palacio de Invierno, en San Petersburgo. Allí era donde se reunía el gobierno provisional de Kérenski, quien tuvo que huir de Rusia.

Una de las figuras más destacadas de los bolcheviques fue León Trotsky, quien negoció la retirada de Rusia de la guerra y se encargó luego de constituir el Ejército Rojo para defender y consolidar la revolución.

Vladimir Ilich Ulianov, conocido como Lenin, era el líder de los bolcheviques; tras la Revolución de Octubre se le confió el gobierno de la nación rusa.

Antecedente sangriento

En 1905 se produjo una manifestación pacífica de trabajadores frente al Palacio de Invierno, en San Petersburgo. Los obreros pedían un salario digno y mejores condiciones laborales, pero fueron reprimidos por la Guardia Imperial y murieron más de 1000 manifestantes. Este hecho, conocido como *Domingo sangriento,* dio inicio a una serie de huelgas y motines en el país. Para calmar los ánimos, el zar creó un Parlamento (la Duma), pero su poder ya estaba cuestionado.

La familia real

Nicolás II fue el último zar de Rusia y también el último representante de una monarquía absolutista en Europa. Su papel en la Primera Guerra Mundial y su indiferencia hacia la realidad de sus súbditos llevaron al pueblo ruso a luchar hasta derrocarlo. Nicolás II y su familia fueron detenidos y luego fusilados por las fuerzas bolcheviques.

La Duma

Era un órgano consultivo, semejante a un Parlamento. Fue puesta en vigor por Nicolás II, pero él mismo limitó su poder al promulgar leyes que establecían que ni el zar ni sus ministros estaban obligados a obedecerla. La Duma desapareció y reapareció varias veces. La Segunda Duma estuvo controlada por nobles y terratenientes. Durante la Cuarta Duma, los revolucionarios mencheviques lograron imponerse y formar un gobierno provisional. La Revolución de Octubre acabó con ella.

Los campesinos, los soldados y los obreros bolcheviques se organizaban en consejos o asambleas, llamados sóviets.

55

¿**Qué** provocó la Segunda Guerra Mundial?

Al finalizar la Gran Guerra, Alemania quedó devastada. Vivía una terrible crisis económica y el desempleo crecía día a día. En ese marco surgió el nazismo, un movimiento nacionalista, totalitario, racista y antidemocrático liderado por Adolf Hitler, que se acabó instalando en el poder. El 1 de septiembre de 1939 las tropas nazis invadieron Polonia. Este hecho fue uno de los desencadenantes del comienzo de la guerra más terrible que haya conocido la humanidad: la Segunda Guerra Mundial.

Alemania invadió Polonia con la excusa de asegurarse la soberanía del estado libre de Danzig.
Un año antes ya se había anexionado parte de Checoslovaquia y Austria y, ante la pasividad de las potencias europeas, siguió con su actitud expansionista.

Los tanques alemanes ingresaron desde la frontera polaca y desde Checoslovaquia y Austria con el objetivo de converger en Varsovia. Allí, unos pocos pobladores ofrecieron resistencia, pero fueron sometidos fácilmente.

Europa alemana
Tras la invasión de Polonia, Gran Bretaña y Francia declararon la guerra a Alemania. Así, se formaron dos bandos: uno integrado por los países del Eje (Alemania, Italia y Japón), y el otro, por los países aliados (Inglaterra, Francia y Polonia).
Alemania siguió con su plan expansionista: invadió Noruega y Dinamarca, dos países neutrales, y luego avanzó sobre París.
En junio de 1941 atacó a la Unión Soviética. A mediados de 1942 casi toda Europa se encontraba subordinada al poder nazi.

Durante la guerra los alemanes utilizaron una táctica nueva, llamada *blitzkrieg,* que consistía en un bombardeo inicial para luego atacar con un gran despliegue de fuerzas móviles (tanques, blindados, etc.).
La estrategia era atacar masivamente y por sorpresa, ocupando así el territorio sin inconvenientes.

Tras el ataque sorpresivo, el pueblo polaco organizó una resistencia, pero no logró defenderse de los alemanes, ya que estos estaban mejor abastecidos.

Campos de horror
Los nazis implantaron una política de represión racial y crearon campos de exterminio donde los judíos, los opositores políticos y otras minorías fueron detenidos, torturados y, en la mayoría de los casos, asesinados. La cifra de víctimas del Holocausto está cercana a los seis millones.

Pearl Harbor

En diciembre de 1941 los japoneses, aliados de Alemania, atacaron Pearl Harbor, una base militar de Estados Unidos en Hawai. Este hecho significó la incorporación de Estados Unidos a la Segunda Guerra Mundial. El ataque sorpresivo de 360 aviones duró poco más de una hora y terminó con la vida de más de 2400 soldados estadounidenses.

Ciudades en ruinas

La aviación fue la gran protagonista de la Segunda Guerra Mundial. El bombardeo de las ciudades enemigas por medio de aviones tenía como doble objetivo destruir las industrias de armamentos y desmoralizar a la población. Esta táctica fue utilizada por primera vez por los alemanes sobre la ciudad británica de Coventry. Sin embargo, las más dañadas por este tipo de ataques fueron las ciudades alemanas.

La invasión comenzó con un bombardeo masivo sobre las carreteras y ferrocarriles polacos y el ataque sorpresivo de líneas de tanques que arrasaron a la infantería polaca.

El hongo atómico

El 7 de mayo de 1945 Alemania se rindió incondicionalmente ante los aliados. A partir de ese momento los soldados alemanes comenzaron a entregarse. Sin embargo, la guerra no había terminado. Japón buscaba negociar el fin del conflicto. Estados Unidos quería una rendición incondicional y Japón no estaba de acuerdo. El 6 de agosto de 1945 Estados Unidos lanzó una bomba nuclear sobre la ciudad japonesa de Hiroshima, causando la muerte de decenas de miles de personas. Días después, el 9 de agosto, otra bomba nuclear se lanzaba sobre otra ciudad del Japón: Nagasaki. El 10 de agosto los japoneses se rindieron incondicionalmente y la guerra concluyó.

Procesos de Nüremberg

Entre 1945 y 1949, una vez terminada la guerra, bajo la organización de los países aliados vencedores, se celebraron en la ciudad alemana de Nüremberg una serie de juicios en los que se juzgaron y condenaron a dirigentes y colaboradores del régimen nazi. Algunos de los procesados fueron Hermann Goering, Rudolf Hess o Joachim von Ribbentrop.

¿**Qué** fue la Guerra Fría?

Tras la Segunda Guerra Mundial, el mundo quedó dividido en dos grandes bloques: uno estaba liderado por Estados Unidos (capitalista) y el otro por la Unión Soviética (comunista). Se llamó Guerra Fría al sistema de relaciones internacionales que mantuvieron en equilibrio las diferencias de estos bloques antagónicos por temor a una catástrofe nuclear. La Guerra Fría, que se caracterizó por las tareas de espionaje que impulsaron los dos bandos, fue tanto un enfrentamiento ideológico y político como tecnológico, económico y militar.

Las Alemanias

Cuando la Segunda Guerra Mundial acabó, las potencias triunfantes (Estados Unidos, Francia, Gran Bretaña y la Unión Soviética) se repartieron el territorio de Alemania. En 1948 Estados Unidos, Francia y Gran Bretaña unieron sus administraciones y crearon la República Federal de Alemania, con la intención de frenar al comunismo. Como respuesta, la Unión Soviética bloqueó las vías de comunicación terrestre y fluvial aislando el sector occidental. Aunque el bloqueo fracasó, la Unión Soviética creó la República Democrática Alemana, de carácter comunista.

La República Democrática Alemana era una de las naciones más productivas del bloque comunista, pero el otro sector era visto como símbolo de la prosperidad occidental y, por eso, más de dos millones de personas huyeron hacia allí.

Aunque Alemania estaba dividida, Berlín era un paso militarizado que se mantenía abierto. Muchos alemanes vivían en un sector de Berlín y compraban mercancías en el otro.

Para detener la fuga que diezmaba cada vez más las fuerzas de trabajo de la Alemania comunista, el 13 de agosto de 1961 las milicias germano-orientales levantaron un vallado de alambre de púas.

Las alambradas de púas fueron reemplazadas por un muro de bloques de hormigón de 4 m (13 ft) de altura y más de 160 km (99 mi) de largo, que dividía la ciudad de Berlín en dos partes.

Cumbre de Yalta

En 1945 se reunieron en Yalta (Ucrania) las tres superpotencias vencedoras: Inglaterra, Estados Unidos y la Unión Soviética. Sus líderes –Churchill, Roosevelt y Stalin– trataron de establecer sus relaciones de fuerza y los espacios geopolíticos que quedarían bajo la influencia de cada bloque. Pese a la búsqueda de acuerdos, esta reunión solo sirvió para demostrar que el mundo estaba dividido. Era el preludio de la Guerra Fría.

En busca de aliados

En 1959 Fidel Castro se convirtió en presidente de Cuba tras derrocar a Fulgencio Batista, defensor de los intereses estadounidenses en la isla. La Unión Soviética aprovechó la situación para avalar la revolución. Estados Unidos descubrió que se estaban instalando rampas de lanzamiento de misiles en la isla y decretaron un bloqueo naval. Se generó entonces una tensa situación y tras largas negociaciones se firmó un pacto de no proliferación nuclear.

La China de Mao

Al finalizar la Segunda Guerra Mundial, en China existía un duro enfrentamiento entre los nacionalistas, que ocupaban el poder desde 1927, y los comunistas liderados por Mao Tse-Tung. Una guerra civil se cernió sobre el país y concluyó con el triunfo de los comunistas, en 1949. Mao proclamó la República Popular de China, de carácter comunista, pero con rasgos particulares. China se convirtió en una potencia dentro del eje comunista, aunque no se sometió al liderazgo de la Unión Soviética.

El plan Marshall

La mayoría de los países europeos habían sido devastados por la guerra. Estados Unidos consideró necesario enviar fondos para la recuperación de las naciones afectadas. Gran parte de la ayuda se destinó a Gran Bretaña, Francia, Italia y Alemania Occidental. El secretario de Estado estadounidense, George Marshall, ideó un programa de ayuda, pero a medida que crecían las tensiones entre los bloques se usó más dinero para cubrir gastos militares que para la reconstrucción de las economías locales.

La puerta de Brandenburgo, terminada en 1791, era un símbolo de la ciudad de Berlín. Con la construcción del muro quedó en la frontera, dentro del bloque comunista, y estuvo continuamente custodiada por soldados.

El muro tenía vallas electrificadas y casetas vigiladas por soldados. A partir de su construcción quedó prohibido el paso entre las dos Alemanias.

Fin de la guerra fría

En 1987 se inició la Perestroika, un programa soviético de reforma que acabó en 1991 con la disolución de la Unión Soviética y el fin de la Guerra Fría. El muro de Berlín fue derrumbado a comienzos de noviembre de 1989. Un año después, Alemania se encontraba totalmente unificada.

¿En **qué** consistió la carrera espacial?

Una de las consecuencias de la Guerra Fría fue la carrera espacial que comenzó a finales de la década de 1950 cuando las dos potencias que dominaban el mundo, Estados Unidos y la Unión Soviética, compitieron por la conquista del espacio. El primer éxito lo consiguió la Unión Soviética, en 1957, al lanzar al espacio el *Sputnik,* el primer satélite artificial. Desde ese momento, el desarrollo de la tecnología espacial no se detuvo y las dos naciones siguieron peleando para llegar a ser las primeras en obtener algún logro. La carrera espacial terminó a finales de la década de 1980, cuando cayó el régimen comunista.

El *Sputnik 1* era un pequeño satélite soviético que tenía la misión de estudiar la atmósfera a grandes alturas. Sin embargo, simbolizaba mucho más: representaba la superioridad soviética en el campo espacial.

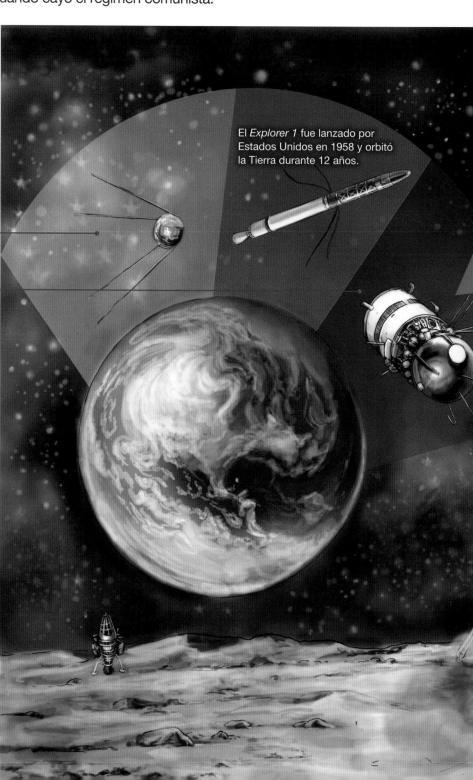

El *Explorer 1* fue lanzado por Estados Unidos en 1958 y orbitó la Tierra durante 12 años.

En 1961 fue lanzada al espacio la cápsula *Vostok 1*. Era un nuevo éxito de la Unión Soviética, ya que se consiguió que un hombre orbitara la Tierra durante más de 100 minutos y regresara al planeta sin inconvenientes. Era una nave pequeña pero requirió de un enorme cohete para ser lanzada al espacio.

Vida en el espacio

Poco después del lanzamiento del *Sputnik 1,* los soviéticos proyectaron el envío de otra nave. En este caso, el *Sputnik 2* fue tripulado por una perra llamada Laika, que viajó junto a otros dos perros entrenados para sobrevivir en un pequeño habitáculo de la nave. Un sistema de ventilación les proveía oxígeno, y otro, alimentos y agua. Pero apenas se inició el lanzamiento, el pulso de Laika se aceleró y la temperatura de la nave no pudo ser controlada. La noticia se ocultó durante un tiempo; sin embargo, los hechos demostraron que Laika vivió apenas unas pocas horas en el espacio.

Yuri Gagarin, aviador y cosmonauta soviético, fue un héroe de la carrera espacial al convertirse en el primer hombre en el espacio. En la cápsula *Vostok 1* el astronauta orbitó alrededor de la Tierra durante 108 minutos y luego se eyectó de la nave y cayó en paracaídas, tal como estaba planeado.

Mujer astronauta

Tras el éxito de la misión de Gagarin, los soviéticos obtuvieron un nuevo triunfo: en 1963, a bordo de la cápsula *Vostok 6,* Valentina Tereshkova se convirtió en la primera mujer en llegar al espacio.

Con los pies en la Luna

En 1966 la Unión Soviética envió la sonda *Lunik 9,* que logró aterrizar en la superficie lunar. Era el primer objeto fabricado por el hombre que se posaba sobre un cuerpo celeste. *Lunik 9* representó un verdadero éxito soviético y transmitió imágenes desde la Luna gracias a una cámara de televisión instalada en su interior.

La Luna era la meta

Estados Unidos creó la NASA (siglas en inglés de la Administración Nacional para la Aeronáutica y el Espacio) y destinaron importantes fondos a la investigación espacial. Sin embargo, la Unión Soviética ganó la batalla inicial de esta carrera enviando el primer satélite y al primer hombre al espacio. El presidente estadounidense John F. Kennedy se fijó entonces una nueva meta que debía cumplir antes de que terminara la década de 1960: que un hombre pisara la Luna y traerlo de vuelta sano y salvo.

En 1969 Estados Unidos lanzó el *Apolo 11,* una nave espacial con destino a la Luna. El módulo de comando, es decir, el morro de la nave, llamada *Eagle,* llegó a la superficie lunar el 20 de julio y dos de sus tres tripulantes (Armstrong y Aldrin) pisaron por primera vez la Luna.

El módulo de comando fue la única pieza de la nave *Apolo 11* que regresó a la Tierra.

Estaciones espaciales

Entre 1971 y 1982 la Unión Soviética lanzó al espacio nueve estaciones *Salyut.* Esas estaciones espaciales perseguían un objetivo: que los humanos pudieran vivir durante un tiempo prolongado en el espacio y realizar experimentos científicos en un ambiente sin gravedad. Los tripulantes accedían a la estación espacial mediante naves llamadas *Soyuz* y eran abastecidas de combustible y víveres a través de naves automáticas. La estación *Salyut 1* permitió que sus tres tripulantes vivieran más de 20 días en el espacio, un récord para su tiempo.

El Abecé Visual de
LA TIERRA

El Abecé Visual de
ANIMALES SALVAJES

El Abecé Visual de
INVENTOS QUE CAMBIARON EL MUNDO 1

El Abecé Visual de
MEDIOS DE TRANSPORTE

El Abecé Visual de
EL UNIVERSO

El Abecé Visual de
EL UNIVERSO

El Abecé Visual de
LOS INVENTOS QUE CAMBIARON EL MUNDO 1

El Abecé Visual de
LA HISTORIA

LE PENSEVR

El Abecé Visual de
PLANTAS Y FLORES

El Abecé Visual de
INSECTOS

El Abecé Visual de
PAÍSES, RELIGIONES Y CULTURAS DEL MUNDO

El Abecé Visual de
MITOS Y LEYENDAS UNIVERSALES

El Abecé Visual de
BOSQUES, SELVAS, MONTAÑAS Y DESIERTOS